010

팸플릿 010

진보정치의 경험과
조직 내부 민주주의

정당과 민주주의

손우정 지음

한티재

차례

민주주의라는 먼 길을 걸을 이들과 함께

신지예 (녹색당 서울시장 후보)

　지난 몇 년간 세월호에서 촛불혁명, 장미 대선의 굵직한 정치적 사건이 이어졌다. 이 속에서 촛불시민, 데모스는 한국 민주주의라는 거대한 수레바퀴를 돌리는 원동력이었다. 시대가 바뀌고 있음을 어렴풋이나마 느낄 수 있다. 사회 이곳저곳에서 변화의 움직임도 감지된다. 점점 확산되고 있는 '미투운동'을 보아도 예전에는 문제가 되지 않던 것들이, 이제는 문제가 되고 있다.

　정치적 결사체를 표방하는 여러 조직에서는 내부 민주주의 문제로 갈등을 겪고 있다. 소수 정당에서는 젊은 정치적 주체가 속속 나타난다. 국가와 개인, 조직과 개인 간의 관계도 과거와는 사뭇 달라지고 있다. 이제 정당을 비롯한 정치조직은 민주주의를 연출하던 것을 넘어 실제 민주주의를 내부에서 구현하기를 요구받게 될 것이다. 정당으로서는 인민의 자기통치라는 민주주의의 기본 원리를 위해 응당 실천해야 할 것임에 틀림없다.

변화의 흐름 속에서 이 책이 갖는 의미는 적지 않다. 저자는 정치 이론과 자기 경험을 넘나들며 민주주의 기본 원리에서부터 민주노동당과 녹색당까지의 이야기를 흥미롭게 풀어낸다. 정당이 구조적 한계를 어떻게 스스로 보완할 수 있는지, 당내 민주주의를 실천할 아이디어를 구체적으로 제안한다. 그리고 진보정치라는 오래된 꿈을 이어서 꿀 새로운 이들에게 같이 하자 손을 내민다.

그 손을 덥석 잡아버리고 싶은 것은 나뿐일까. 평등하게 머리를 맞대고 의논하며 스스로의 운명을 결정하는 사람들, 민주주의라는 먼 길을 걸을 이들과 함께 읽고 싶다.

골목까지 민주주의를 확장하기 위해

오김현주 (정의당 서울시당 부위원장, 전국위원)

진보정당의 당원이 되어 받은 가장 값진 선물은 민주주의를 온몸으로 배웠다는 것이다. 지난한 절차와 극한의 대립도 후회와 상처는 남겼지만 무의미하지는 않았다. 그럼에도 민주주의는 여전히 '희망을 상징하는 파랑새'처럼 손에 쥘 수도 놓아버릴 수도 없는 무엇이다. 도달할 수 없는 무언가를 향해 노력하는 것의 아름다움에 그동안 너무 무심했다. 이제 다시, 책 속에 던져진 수많은 질문들을 마주할 때이다. 그래서 이 책이 참 반갑다.

촛불 이후 우리 사회의 가장 큰 과제는 '골목까지 민주주의를 확장'하는 것이다. 책은 온통 질문으로 가득 차 있다. 책 전체가 의문형으로 가득 차 있다고 해도 과언이 아니다. "직접민주주의와 간접민주주의는 대립적인 것인가?", "이런 제도가 있다고 해서 얼마나 참여할 것인가?" 등 정당뿐 아니라 협동조합, 지방자치 등 민주주의의 수많은 공간과 길목에서 마주치는 질문들을 현 시점에서 분석하고 대안을 제시하고 있다. 세부 주제들에 대해 의견을 달리할지라도 비켜갈 수 있는 질문은 없다. 그래서 책을 읽는 내내 누군가와 얘기하고 싶어 입이 근질근질했다.

죽어가는 아버지가 게으른 세 아들에게 집 앞의 밭에다 보물을 숨겨놨다고 거짓말을 하는 우화가 이 책에 나온다. 민주주의를 온몸으로 외쳤던 부지런한 농부들은 이미 죽은 지 오래다. 아들과 딸들은 그야말로 '보물'을 발견하기 위해 매일 땅을 파느라 눈이 빠지고 허리가 휜다. 과연 아버지가 가리킨 그 밭은 비옥해질 수 있을까?

정당을 운영하는 현장감 있는 이야기들

김소희 (청년정당 '우리미래' 전 공동대표, 현 공동대변인)

2017년 3월 20일, 대한민국 2030 청년들이 모여서 대한민국 가장 젊은 정당 '우리미래'를 창당했다. 정당을 만들면서, 정당법과 기존 정치 시스템 밑에서 새로운 정치 세력이 진입하기가 얼마나 힘든지 온몸으로 느꼈다. "우리가 정당을 만들다니! 이제 됐다!" 하고 생각했는데, 오히려 만들어 놓고 보니 공직선거법 때문에 정치적 목소리를 내기 힘든 상황이 많다는 것을 알게 되었다. 이러려고 정당을 만들었나 하는 자괴감이 들기도 했다.

그리고 회의(會議)에 회의…… 민주주의가 참으로 어렵고 귀찮다는 것도 알게 되었다. 어떻게 의견을 내고, 결정해야 할까? 어떻게 해야 더 많은 사람들의 의견을 반영할 수 있을까? 많은 질문들이 쌓이고 있었다. 정당을 운영하는 현장감 있는 이야기들에 갈증을 많이 느끼고 있을 때 이 책을 만났다.

"그래! 이런 책이 필요했다고!!" 많은 물음표들이 마침표로 또 느낌표로 바뀌었고, 더 많은 물음표가 생기기도 했다. 저자가 던진 질문들에 '우리미래'만의 답을 내보고 싶다는 욕심도 생겼다.

2월, 국민의당-바른정당 통합신당 '미래당' 사태를 겪은 다음 날, 이 글을 쓰고 있다. '우리미래' 창당 이래로 가장 큰 사건을 치렀고, 이 사건으로 많은 것을 배웠다. 그래서 이 책의 출판이 손꼽아 기다려진다. 더 많은 '미래당'들이 나올 수 있을 것 같은 기대감이 생긴다.

이제 막 걸음을 걷기 시작한 '우리미래'에, 선배로서 이야기를 들려준 저자께 진심으로 감사드린다.

걸으며 길을 찾아야 하는 모든 청년들에게

정수연 (청년민중당 부대표)

답은 어디에 있을까? 이 책을 읽다 보면 자연스레 떠오르는 질문이다. "답은 무엇일까?"가 아니라 도대체 어디에 있을까를 떠오르게 한다. 고로 정답을 알려주는 친절한 책은 아니다. 과정으로서의 민주주의와 결과로서의 민주주의 그 사이 어딘가. 정당의 내부 작동과 외적 역할 그 어딘가. 민주주의에서 정당과 정당의 민주주의 그즈음 어딘가. 운동과 정치 그 관계 어딘가. 방법과 제도 그리고 내용과 담론의 권형(權衡) 어딘가.

그 어딘가를 향해 갈 때 필요한 것은 실행이고 이론을 넘는 상상력이라는 팁을 알려주며, 답은 독자가 찾을 것을 종용(?)하는 손우정 박사의 성격이 고스란히 담겨있다. 하지만 어쩐지 이미 정해진 답 혹은 내가 찾지 못한 모범 답안은 없다는 생각에, 역설적인 희망이 샘솟는 신비로운 책이다. 걸으며 길을 찾아야 하는 지금 정치하는 모든 청년들에게 추천한다. 함께 읽고, 손우정 박사가 내준 답안 만들기 숙제를 도와 달라.

희망이 없다면 희망을 만들자는 격려

용혜인 (청년좌파 대표, 노동당 당원)

시대의 화두, '평등' 그리고 '민주주의'. 페미니즘과 퀴어, 기본소득과 최저임금, 그리고 지난 2016년 겨울의 촛불까지. 다양한 사람들이 공동체의 구성원으로서 인정받고 참여하기 위한 조건과 이상으로서 평등과 민주주의는 지금 이 시대의 많은 이들의 요구를 관통하고 있다. 사회에서, 그리고 체제 속에서 배제당한 이들을 대변하고, 배제를 구조화하는 체제를 변화시키겠다는 진보정당은, 그리고 그 진보정당에서의 정치를 꿈꾸는 이들은 평등과 민주주의에 대한 더 많은 사유와 구체적인 대안들을 만들어야 하는 과제를 안고 있다. 이 책은 그러한 과제를 마주한 이들에게 민주주의 이론들과, 한국 진보정당운동의 과오를 살펴보며 지금의 대안을 만들어나가기 위한 고민의 실마리들을 던져준다.

끝으로 답이 보이지 않는 시대, 출구가 보이지 않는 시대에, 희망이 없다면 희망을 만들자는 손우정 박사의 말은 바닥이 없는 것처럼 보이는 지금의 상황에서 다시 앞으로 걸어갈 힘을, 추운 길을 걸어갈 온기를 우리에게 건네줄 것이다.

1.

2017년은 1987년 6월항쟁이 일어난 지 30년이 되는 해였다. 30년 전의 일을 특별하게 기억하는 이유는, 독재에 저항한 6월 항쟁이 낳은 6·29선언과 직선제 개헌을 계기로 정치와 경제, 사회와 문화를 새롭게 틀 지은 소위 '87년체제'가 형성되었기 때문이다. 결국 지난해 일어난 거대한 촛불과 대통령 파면은 30년 전의 사건을 그 어떤 기념식보다 충실하게 재현한 국민적 퍼포먼스가 된 셈이다.

6월항쟁이 야권 분열과 정치세력 간 타협, 군부세력의 재집 권이라는 모호한 결과로 이어졌듯이, 87년체제의 모습에도 명 과 암이 모두 있다. 점진적인 민주화가 시작되고 각 부문별 운 동은 폭발했지만 정치적 측면에서 자유주의적 대의질서가 '제한적'으로만 복원되었고, 독재권력으로부터 독립한 시장은 스스로 막강한 권력이 되어 살벌한 무한경쟁과 양극화 사회로 내달렸다. 분단체제는 민간통일운동의 활성화로 어느 정도 균열이 발생했지만, 여전히 우리를 강하게 옭아매는 덫이었다.

87년체제는 지난 30년 동안 조금씩 무르익다 어느 순간 효능을 다하고 낡아버렸다. 아마도 이 체제가 정점에 올랐던 시기는 2004년이 아닐까 한다. 두 번의 정권박탈로 궁지에 몰린 수구세력이 감행했던 노무현 대통령 탄핵시도가 좌절된 후, 17대 총선에서 '여대야소'가 만들어진 바로 그때다. 게다가 민주노동당의 원내 진출과 함께 그동안 철저하게 배제되었던 진보적 가치들이 진지한 대안으로 수용되기 시작했다.

그러나 전성기는 오래가지 않았다. 노무현 정부의 4대 개혁입법이 좌절된 이후, 새로운 전략과 막강한 재력으로 무장하고 언론과 풀뿌리 조직을 장악하고 있던 보수세력의 반격이 시작됐다. 이들은 결국 이명박 정부를 불러왔고, 87년체제의 효용성은 소진됐다. 그런 점에서 2008년 일어난 거대한 촛불시위는 단지 광우병 우려가 있는 미국산 쇠고기의 수입만을 반대했던 것이 아니라, 87년체제의 종식을 알리고 새로운 체제로의 이행을 촉구하는 거대한 선언과도 같았다.

그러나 2008년 촛불이 광화문 명박산성 앞에서 멈추면서 예고되었던 패배는 단순한 민주주의의 퇴행이 아니라 '낡은 체제가 소멸했으나 새로운 체제는 등장하지 않는' 유기적 위기의 시대, 즉 '후기post 87년체제'의 긴 시작을 알리는 것이었다. 새로운 진보적 가능성과 과거로의 역진이 동시에 나타나면서 각축하는 '후기 87년체제'의 특징은 유신의 재현이라 할 만한 박근혜 정부의 등장과 파면이라는 드라마틱한 사건으로 이어졌다. 그러나 이 시기에 일어난 또 하나의 (비)극적인 사건은 새로운 체제로의 이행을 가장 소리 높여 외쳤고 미래세력임을 자임했던 진보정치가, 자신의 성공 가능성이 가장 컸을 때 가장 큰 위기에 빠져버린 것이다.

2.

위기라는 표현이 말해주는 징후와 조건이 무엇인지에 대한 관점은 다를지라도 '진보정치의 위기'라는 추상적 평가에 이의를 다는 것은 쉽지 않을 것이다. 진보정당과 거의 동의어처럼 사용되어 왔던 소수정당, 원외정당이라는 한계는 체제의 위기가 뚜렷하게 나타난 '후기 87년체제'에서 돌파구를 마련할 것으로 보였다. 그러나 오히려 이 시기에, '통합진보당 사건'으로 불리는 일련의 파괴적 과정은 진보정치 전반의 주변화로 이어졌다. 통합진보당과 전혀 상관없는 진보정당과 조직이라도 당시 사건의 부정적 파장에서 자유롭지 못했다. 진보정치를 둘러싼 지형 자체가 무너지기 시작했기 때문이다.

진보정치의 위기 원인을 파악하기 전에, 한국 진보정치의 퇴행적 분열을 막지 못한 내부 시스템의 한계가 한국 민주주의의 한계를 만들고 있는 시스템과 유사한 측면이 있다는 것을 강조할 필요가 있겠다. 진보정당의 내부 민주주의 제도는 새로운 대안체제의 운영원리를 예시하고 있다는 엄청난 찬사에도 불구하고, 실제 모습은 87년체제 정치체제의 모습과 매우 닮아 있었다.

당시 기성정당들은 여전히 계파 수장을 정점으로 한 보스정치에 머물러 있었던 반면, 민주노동당으로 상징되는 진보정당은 공직후보와 당직자를 당원 직접투표로 선출했다. 마치 87년체제의 대의제처럼, 당 내부에서는 당직 선거를 앞두고 정파 간 경쟁이 일어났고, 각 정파는 하나의 정당처럼 움직였다. 다만 현실의 정당들이 공개적인 활동을 펼쳤다면, 진보정당의 정파는 '공공연한 비밀'로만 남아 있었던 것이 다르다. 물론 이 차이는 결코 작지 않지만, 당내 대의체계가 내부의 파괴적 갈등을 해결하기는커녕 더욱 심각한 사태로 몰고 갔다는 것은 분명한 사실이다. 공동체 내부에 존재하는 각기 다른 정치적 지향과 가치를 대의체계에 반영하여 토론과 합의를 통해 좋은 결론을 도출해 낸다는 자유주의적 가정은 우리 정치에서도, 진보정당 내부에서도 실현된 바 없다.

결국, 진보정당 내부 민주주의는 기성정당체제에 대해서는 혁신이었지만, 조직 민주주의 작동원리의 측면에서는 87년의 한계에 머물러 있었다. 그렇다면 진보정당 내부 민주주의의 대안을 모색하는 것은 87년체제의 민주적 한계를 극복하는 작업과 크게 다르지 않을 것이다. 87년체제를 넘어설 대안체제의 민주주의를 모색하기 위해 조직, 그중에서도 정당의 내부 민주주의를 들여다보는 이유다.

3.

그렇다면 87년체제의 민주주의는 어디에서 한계를 드러냈던가? 주목할 것은 크게 두 가지다. 첫째는 대의체제가 사회적 갈등과 균열을 비례적으로 반영하지 못했던 한계다. 선거법 등 87년체제의 정치관계법은 신진 세력의 의회진출을 가로막고, 기성 정치세력의 기득권을 보장했다. 대의되지 못한 요구는 운동정치의 형태로 나타나기도 하지만, 더 많은 경우 정치 무관심과 냉소주의를 불렀다.

더 중요한 두 번째 한계는 '중간자'中間子가 없는, 아니 중간자를 끊임없이 소멸시키는 엘리트주의적 정치 시스템이다. '중간자'란 언제든 입장을 바꿀 수 있는 가변성을 지닌, 누구의 편이라도 들 수 있는, 그래서 토론과 설득이 가치를 갖게 만드는 존재다. 그러나 87년체제의 정치시스템은 확고하게 고정된 정치적 입장을 가진 엘리트 간의 정치경쟁만 강조할 뿐, 이들을 중재하거나 판단을 내려줄 중간자에게는 숨 쉴 틈조차 주지 않았다.

언제든 입장을 바꿀 수 있고, 누구의 편이라도 들 수 있는 공정한 중간자의 부재는 입장의 변화를 거의 기대할 수 없는 상대를 대상으로 정치활동이 전개되게 만든다. 그것은 끊임없는 갈등과 충돌, 힘과 힘의 대결로 귀결될 수밖에 없다. 그래서 합리적인 중간자의 존재를 발견하고, 중간자에게 권력을 부여하지 않는 한, 정치행위는 상대를 죽이지 않으면 자신이 죽는, 살벌한 약육강식의 쟁탈전에서 벗어나기 어렵다.

그렇다면 중간자는 누구인가? 87년체제는 사법부나 최고의 사법엘리트로 충원된 헌법재판소에게 그 역할을 부여했지만, 그들이 진정한 중간자가 될 수 없다는 것은 누구나 알고 있다. 정치적으로 해결해야 할 많은 사안들을 사법적 판단에 맡겨 버리는 '정치의 사법화'가 문제된 지 오래지만, 사실 더 심각한 문제는 사법부가 스스로 정치를 하거나 권력에 순응하는 '사법의 정치화'였다.

민주주의에서 중간자의 역할을 수행하는 이들은 다름 아닌

데모스다. 본래 데모스의 역할은 단지 자신을 대신해 정치할 이들을 선출하는 단계에 머무르는 것이 아니라 대의체제 내부의 갈등을 중재하고, 서로 다른 입장의 이야기를 진지하게 경청하여 최종적인 판단을 내리는 역할을 수행해야 한다. 그래서 정당 내부 민주주의는 물론, 한국 민주주의 혁신의 성패는 데모스, 즉 평범한 구성원에게 얼마나 큰 권력을 부여하느냐에 달려 있다.

하버마스가 말한 것처럼, 무대 위의 배우에게 힘을 부여하는 것은 청중의 호응이다. 그래서 '중간자'가 권력을 가지는 민주주의는 대의제를 대체하는 것이 아니라 그것이 더욱 잘 작동하도록 만드는 것이기도 하다. 이 책이 던지고 싶은 메시지가 바로 이것이다.

4.

이 책은 크게 두 부분으로 구성되어 있다. 첫째는 민주주의를 어떻게 이해해야 하며, 그것이 현실에서 어떤 방식으로 왜곡되고 변형되어 왔는지를 살펴본다. 이를 통해 현실 민주주의의 문제점을 파악하고 대안을 구성할 관점을 마련할 수 있을 것이다.

둘째는 추상적인 민주주의 이론이 현실에서 어떻게 적용되는지를 살펴본다. 주요 분석 대상은 진보정당 내부 민주주의가 될 것이다. 왜 굳이 진보정당인가? '과두제의 철칙'을 설파한 미헬스처럼, 누구보다 민주적인 방식으로 당을 운영하고 있다고 자부했던 진보정치가 왜 그토록 파괴적인 방식으로 분열되었는지, 또 이 과정에서 급진적인 당내 제도는 왜 그토록 무력했는지를 살펴보기 위해서다. 이 문제를 추적하는 것은 87년체제를 넘어설 대안 민주주의를 모색하는 작업에 큰 시사점을 줄 것이다.

이 책의 주요 내용들은 2017년 현장언론 『민플러스』에 연재했던 원고에 기초하고 있다. 진보정치에 각별한 애정을 가진 『민플러스』는 진보정당 내부 민주주의에 대한 연재를 요청했고, 그동안 주로 학술적 목적에서 쓴 여러 단행본과 논문을 대중적으로 각색하고 몇 가지 사례를 덧붙여 6개의 글로 나눠 실었다. 당시에는 지면상의 문제로 거칠게 잘라냈던 내용들을 다시 포함하고, 더 생각해볼 만한 몇 가지 이야기들을 덧붙였다. 각 장의 주요 주장을 끌어온 원 글의 출처는 매 장이 시작될 때마다 각주로 밝혀 놓았다.

아울러 이 책은 제도로서의 민주주의에 주목하지만 한국 진보정당의 위기와 좌절이 온전히 제도적인 문제 때문만은 아니라는 점에서, 진보정치의 위기를 검토한 짧은 글을 '보론'으로

넣었다. 이 '보론'은 냉철한 분석의 결론이라기보다 실종된 대화와 분석, 논쟁을 복원하기 위한 제안문으로, 서로 생각과 관점이 다르더라도 생산적 논쟁을 시작하는 데 활용되길 기대한다.

5.

민주주의와 진보정치, 대안 민주주의와 같은 용어들에 대한 관심은 많이 사라졌다. 연구자도, 관련 연구 성과도 확연히 줄고 있다. 이런 이야기는 이제 유행이 한참 지난, 흘러간 옛 이야기일지도 모른다. 가뜩이나 어려운 출판시장의 상황에서 수익성이 보장되지 않는 이런 책을 낸다는 것은 예정된 실패에 가깝다. 그럼에도 불구하고 선뜻 이 책의 출판을 결심해준 명문 출판사 한티재와 변홍철 편집장에게 감사의 인사를 전한다.

아울러 이 책의 추천사는 대안정치를 위해 젊음을 불사르고 있는 차세대 진보정당, 대안정당 활동가들이 써 주었다. 사실 추천사를 쓴다는 것은 별로 읽고 싶지 않은 책을 강제로 읽어야 하는 고역인 데다가, 이 책에는 추천보다 논쟁하고 싶은 내용이 더 많을 것이다. 그럼에도 선뜻 추천사를 승낙해준 우리미래의 김소희, 노동당의 용혜인, 민중당의 정수연, 녹색당의 신지예,

정의당의 오김현주에게 특별한 감사의 인사를 전한다. 어려운 조건에서도 묵묵하게 자기 일을 다 하고 있는 이들의 꿈이 실현될 날이 반드시 오리라고 믿는다.

이 책의 내용을 채우고 빛을 보기까지 도움을 준 이들이 적지 않다. 특별히 이름을 밝히지 못한 당신께 감사의 인사를 전하고 싶다.

2018년 2월 소스라치게 추운 밤,

손우정

민주주의

민주주의를 한 번도 발음해보지 않은 사람은 아마 없을 것이다. 그러나 그것이 정확하게 무엇을 의미하는지, 어떻게 정의해야 하는지 진지하게 토론해본 경험이 있는 사람은 드물다. 1부는 민주주의의 개념과 의미, 핵심원리에 대해 함께 토론하고 생각해볼 이야기를 던진다. 여기에서는 역사적 사례를 실증적으로 검증하거나 여러 학자들의 이론을 다투기보다 민주주의가 현실에 적용되면서 부딪히는 여러 쟁점과 딜레마를 통해 개념에 대한 이해를 높이는 것에 주력한다.

1부는 총 세 개의 장으로 구성되어 있다. 1장에서는 민주주의가 등장한 철학적 맥락과 기본 개념을 통해 민주주의의 핵심원리가 무엇인지, 우리가 민주주의를 어떻게 이해하는 것이 좋을지 토론한다. 2장과 3장은 민주주의의 근본 개념과 원리가 어떻게 현실에 적용되면서 왜곡되고 변형되는지를 두 가지 사례를 통해 살펴볼 것이다. 첫 번째 사례에서는 오늘날 주류 민주주의 이론이라고 할 수 있는 다원주의적 민주주의와 자유민주주의에 기초한 대의제가 어떻게 민주주의의 핵심원리를 부정하고 있는지를 파악한다. 이런 시각에서 기인하는 제도와 절차가 어떻게 민주정이 아니라 귀족정에 가까운 결과를 낳게 되는지를 몇 가지 현상에 대한 검토를 통해 보여줄 것이다.

두 번째 사례에서는 칼 슈미트의 이론을 통해 민주주의에서 강조하는 지배자와 피지배자의 동일성이 자칫 전체주의로 귀결될 수도 있음을 살펴본다. 칼 슈미트의 이론은 나치의 독재를 정당화하는 기능을 했지만, 이것이 결코 우파에서만 발견되는 사고방식은 아니다. 오히려 그의 이론은 적대성에 기초한 정치투쟁의 현장에서 나타나는 일반적 현상을 설명하고 있다는 점에서 한국 진보세력의 정치경향도 이와 무관하다고 할 수 없다. 슈미트의 이론에 대한 검토를 통해 다원주의 사회에서 필요한 정치전략에 대한 시사점을 파악한다.

1. 민주주의, 그 혁명적 사상
제도로서의 민주주의와 현실의 난점*

민주주의는 마치 우리 곁에 존재하는 공기처럼, 늘 우리 곁을 스쳐가는 바람처럼 일상 곳곳에 존재해 왔다. 그렇다면 민주주의란 무엇이란 말인가? 너무 익숙하기 때문에 쉽게 말하기 어려운 개념. 민주주의를 먼저 이해해보자.

인간에게 무한정의 자유가 주어진다면 어떤 일이 벌어질까?

민주주의는 데모크라시(demo(s) + Kratia)라는 어원이 의미하는 것처럼 데모스, 즉 인민이 직접 통치하는 체제다. 추상

---

* 1장과 2장의 핵심 주장은 다음의 글에서 주로 끌어 왔다. 손우정, 『여전히 반란을 꿈꾸는 이들을 위한 민주주의 길라잡이』, 내일의책, 2013.

적이고 모호하다. 도대체 인민이 직접 통치한다는 것은 어떤 의미란 말인가? 말로는 그럴듯해 보이지만, 이것이 정말 가능한 일일까? '인민의 자기 통치', 또는 '자기 지배'가 무엇을 의미하는지를 온전히 이해하기 위해서는 사고실험이 필요하다.*

이런 상상을 한번 해보자. 만일 개인에게 무한정의 자유가 부여된다면 어떤 일이 벌어질까? 개인에게 아무런 제약을 가하지도 않고, 어떤 금기도 없다면, 과연 그 결과가 아름답고 평화로운 모습일까?

인간 본성의 선함을 믿는 이들은 무한정의 자유에도 시민들의 자발적 자치가 이뤄질 것이라고 주장할 법도 하지만, 대체로는 부정적일 것이다. 설령 다수의 인간은 착하디착한 심성을 지녔고 서로를 도우려는 성향을 가졌더라도, 인간의 욕망과 힘의 불균형은 점차 소수의 악함이 다수의 선함을 짓밟는 방향으로 나아가게 될 것이다. 다른 사람의 소유물에 대한 탐욕을 막을 수 있는 장치가 없을 때, 자원이 제한되어 있을 때, 빼앗길 것이 있는 자와 빼앗을 수 있는 자 사이에 아무런 일이 벌어지지 않을 것이라는 생각은 굶주린 이리 앞의 토끼가 무사할 것이라는

---

* 이 사고실험의 기본 아이디어는 다음 책에서 따왔다. 박영도, 『비판의 변증법 : 성찰적 비판문법과 그 역사』, 새물결, 2011. 미리 경고하지만 본 글보다 박영도의 글이 훨씬 어렵다.

홉스는 만인 대 만인이 투쟁하는 자연상태를 벗어나기 위해서는
거대한 권력에게 자유를 양도해야 한다고 주장했다.
절대국가를 상징하는 바다괴물 리바이어던은
인민이 모여 하나의 거대한 인공적 인간을 만드는 모습으로 형상화되어 있다.

생각만큼이나 순진하다. 그렇다면 아무런 규제와 통제가 없는 상황에서 힘 있는 이들이 주도하는 야만 상태로의 전환을 어떻게 저지할 수 있단 말인가?

우리가 중고등학교 교과서에서 한번쯤 들어봤을 법한 고전 철학자 홉스*는 아무런 규제와 통제가 없는 이런 '자연상태'에서는 '만인 대 만인'이 서로 끊임없이 투쟁하는 상황으로 귀결될 수밖에 없다고 봤다. 인간은 살기 위해 투쟁할 것이고, 누군가가 투쟁하기 위해 산다면, 누군가는 자신의 생명을 위협당하는 상황에 내몰릴 것이다. 한마디로 개개인의 생명조차 보장받지 못하는 전쟁상태를 피할 수 없다.

어떻게 하면 자신의 생명조차 보장받지 못하는 자연상태에서 벗어날 수 있을까? 홉스가 생각한 하나의 방법은 엄청난 힘을 가진 절대적 존재에게 복종하는 것이었다. 홉스는 이 거대권력을 성경에 나오는 무시무시한 바다괴물인 리바이어던으로 상상했다. 바로 절대국가다.

---

* 토마스 홉스(Thomas Hobbes, 1588~1679). 절대국가의 정당성을 이론적으로 뒷받침한 영국의 고전 철학자다. 그는 인간에게 가장 중요한 것은 생명을 지키는 것이며, 이를 위해 자신을 보호할 군주에게 충성해야 한다고 주장했다. 그러나 다른 한편으로 홉스는 국민의 안전을 지키지 못하는 군주에게는 충성할 필요가 없다고 주장하면서 그런 군주는 폐위해야 한다고 주장하기도 했다.

'국민'은 자신의 자유를 기꺼이 국가에 양도하고 국가의 지배와 억압을 수용하는 대신, 자신의 생명을 보장받는다. 인간에게 가장 원초적으로 필요한 것은 무엇보다 '생명'이기 때문이다. 이런 논리는 과거 절대국가 시절에만 해당되지 않는다. 여러 조폭으로부터 갈취를 피하기 위해 가장 힘 있는 조폭에게 상납해야 하는 현실은 오늘날에도 벌어지고 있다. 자신과 가족의 생살여탈권生殺與奪權을 가지고 있는 이들의 소위 '갑질'은 직업과 수입 보장을 대가로 자신에 대한 복종을 강요한다. 이것 역시 절대국가의 논리, 만인 대 만인이 벌이는 투쟁의 논리와 다르지 않다.

다른 방법은 없을까? 루소가 말한 것처럼, 감옥 속에서의 안정과 자유가 진정한 자유일 수는 없다면 어느 조폭에게 복종할 것인지를 선택할 자유 이외에 다른 선택의 자유를 찾을 수는 없을까? 조폭이나 갑에게 복종하지 않아도 나의 삶과 자유를 위협당하지 않을 방법은, 진정 없을까?

민주주의라는 발명품

아주 오래 전에도 현자들은 있었다. 그들은 개인의 자유를 무한정 보장해 아무런 규제가 없으면 내 생명이 위협받고, 그렇다고 생명과 안전을 보장하기 위해 절대적인 권력을 수용하면 억압에 빠지는 딜레마를 해결할 수 있는 법을 발견했다. 그것은 바로 '자신에게 영향을 미치는 어떤 규제를 자기 스스로 만드는 것'이었다. 어떤 규칙을 스스로 만들 수 있다는 것은 자유였고, 그렇게 선택한 규칙을 수용하는 것은 억압이 아니었다. 이는 스스로가 규칙을 결정하는 지배자가 되는 것이자, 그 규칙에 종속되는 피지배자가 되는 것이기도 했다. 민주주의가 말하는 '인민의 자기 지배'는 이처럼 지배자와 피지배자가 분리되지 않는, 둘이 사실상 '동일한' 상태를 말했다.

그래서 민주주의는 투입과 산출이 같아야 한다. 어떤 상태를 조정하고 규제할 규칙을 만드는(투입하는) 사람들과 그 규칙에 영향 받는(산출되는) 사람들의 범위가 동일하다는 의미다. 우리는 이 규칙을 '법'이라고 부른다. 결국 민주주의는 법을 쓰는 저자와 그 법의 적용을 받는 수신자가 동일한 체제다.

민주주의의 근본적 의미가 이렇다 하더라도 이를 현실에서 구현할 때는 여러 가지 난점이 발생한다. 당장 제기될 수 있는 질문은 민주주의가 '인민의 자기지배'라면, 과연 그 인민은 누구인가라는 것이다. 알다시피 그리스에서는 노예와 여성, 외국인에게는 결정권이 없었다. 즉, 민주주의의 근본 원리에 비춰보면 투입(남성 자유시민)과 산출(남성 자유시민 + 노예 + 여성)이 일치하지 않았다. 그래서 당시의 민주주의는 남성 자유시민의 민주주의에 불과했고 여성과 노예의 입장에서는 결코 민주주의일 수 없었다. 즉, 그리스 전체가 민주주의 국가였다는 것은 사실이 아니다.

이 문제는 인민(데모스)의 범위를 조정해서 해결할 수 있다. 미국에서는 1964년 연방대법원이 수정헌법 제14조 평등보호 조항에 따라 폐지하기 전까지 세금을 낼 수 있는 사람에게만 투표권을 줬던 인두세가 살아 있었다. 게다가 지금까지도 까다로운 절차를 통해 '유권자 등록'을 한 이들에게만 투표권을 준다. 직접민주주의 메카로 불리는 스위스에서는 1971년에서야 여성에게 투표권을 부여했다. 우리가 상식으로 알고 있는 선거권조차 민주적 성격을 획득한 것이 그리 오래 되지 않았다. 그러나 현실에서 민주주의를 구현하기 어려운 난점은 이 외에도 도처에 깔려 있다.

직접민주주의와 간접민주주의는 대립적인 것인가?

민주주의를 둘러싼 수많은 오해 중 가장 대표적인 것 중 하나가 바로 직접민주주의와 간접민주주의를 서로 대립적인 것으로 간주하는 관점이다.

흔히 민주주의의 원형이 현실에서 구현된 사례로 고대 그리스 민주주의를 이야기한다. 상식적으로 알고 있는 것처럼 고대 그리스 도시국가에서는 국가적으로 중요한 결정을 내릴 때, 시민들이 직접 광장에 모였다. 그래서 우리는 흔히 직접민주주의와 간접민주주의를 구분하고, 아테네와 같은 사례를 직접민주주의로, 오늘날의 대의제 민주주의를 간접민주주의로 부른다. 그런데, 이런 구분이 과연 타당한 것일까?

기원전 4세기 아테네에는 여성과 외국인, 노예를 빼고 성년에 이른 자유 시민들의 규모는 대략 3만 명 정도였던 것으로 추정한다. 3만 명이 어느 정도 규모일까? 서울의 일개 동 단위 인구가 대략 3만 명이다. 즉, 고대 그리스 도시국가는 서울 1개 동 인구 정도의 자유시민을 보유했고, 여성과 노예, 미성년자를 다 합쳐봐야 서울 1개 자치구의 인구에도 미치지 못했다는 이야기다. 그렇다면, 5천만의 인구가 사는 대한민국에서는 직접민주주의는 불가능한 것이 아닌가? 게다가 거주지와 근무지가 분리된 구조, 세계 최고 수준인 한국의 과노동over-work 상태를 고려하면 국가와 광역 차원은커녕 동단위의 직접민주주의도 가능해 보이지 않는다. 온라인 기술의 발전이 규모와 거리의 문제를 해결해 줄 것이라는 전자민주주의 전망이 등장한 지 꽤 오래되었지만, 이 역시 정보 불평등과 접근기술의 격차, 깊은 토론의 부재라는 문제가 여전히 남아 있다.

그런데, 1년에 40회 이상 회합했던 그리스의 직접민주주의 공간이었던 민회는 공공질서의 유지에 관한 법적 틀, 재정, 직접과세, 도편추방, 대외 업무 등과 같은 주요 의제를 심의하고 결정했지만, 늘 안건을 준비하고 법안을 기초하였던 것도 아닌데다가 3만 명의 자유시민이 모두 모인 것도 아니었다. 여러 기록의 차이는 있지만 민회에 참여했던 성인 자유민 남성의 숫자는 많아야 대략 6천 명 정도로 추정한다. 전체가 모일 수 있는 공간의 최대 정원이 대체로 그 정도였기 때문이다.

여기에서 반전이 나온다. 그리스 민주주의의 현실을 좀 더 자세히 들여다보면, 보다 일상적인 민주주의는 민회가 아니라 '보울레'boule라는 기구에서 진행되었다는 것을 알 수 있다. 여러 차례 개편 과정을 거친 보울레는 민회의 대의체였는데, 10개 부족에서 추첨으로 선발한 500명으로 구성했다. 상임의장 역시 10개 부족에서 돌아가며 추첨으로 선발했다. 이 보울레는 민회와 같은 직접민주주의의 비효율성을 모집단에 대한 대표성이 가장 과학적으로 보장된 샘플(대의원)이 보완해 주는 방식이었다. 즉, 그리스의 직접민주주의가 유지될 수 있었던 것은 그 어마어마한 비효율성을 뒷받침해준 간접민주주의가 존재했기 때문이다. 더구나 그리스의 대의체는 오늘날 우리가 경험하고 있는 대의체와 달리, 어쩌면 직접민주주의보다 더욱 대표성이 높은 방식이었다.

『법의 정신』을 저술한 몽테스키외가 "추첨에 의한 선발은 민주정의 특성이요, 선거에 의한 선발은 귀족정의 특성"*으로 말할 정도로 추첨으로 선발한 대의체는 그리스 민주주의의 핵심이었다. 누가 선발될지 알 수 없지만, 누구나 선발될 동일한 확률을 가지는 원리는 민주주의의 정신과 가장 부합하는 것이었다. 오늘날 우리가 전체 국민의 의사를 파악하기 위해 전체 국민에게 일일이 전화하거나 찾아가는 것이 아니라 잘 설계된 할당에 따라 무작위로 추첨한 소수의 표본에게 물어보듯이, 그리스의 보울레는 10개 부족을 대상으로 무작위로 선택된 표본에게 일상적인 통치를 맡겼다.

그들이 무작위 추출의 대표성에 관한 통계이론을 알고 있었을 리는 없다. 대신 그들은 추첨에 선발되는 것은 신의 뜻이라는 믿음이 있었기 때문에 결과를 수용할 수 있었다. 어쨌거나 그들은 결과적으로 가장 과학적으로 대표성을 보장하는 방식으로 대의체를 설계한 것이다. 게다가 여론조사처럼 그들의 즉각적인 선호만을 묻는 것이 아니라 서로 간의 논쟁과 공박을 통해 '입장을 바꿀 기회'까지 있었다.

오늘날의 기준에서 볼 때 더욱 놀라운 사실은 그리스에서는

---

* 샤를 드 몽테스키외, 『법의 정신』, 하재홍 옮김, 동서문화사, 2007. 몽테스키외(Baron de La Brède et de Montesquieu, 1689~1755)는 프랑스의 사상가로, 20년에 걸쳐 오늘날 현대 민주주의 제도의 기틀을 이루는 입법·사법·행정 3권 분립론과 '견제와 균형'의 개념을 담은 이 책을 집필했다.

행정관(오늘날의 공무원)의 다수도 추첨으로 선발했다는 것이다. 노량진 고시생들이 들고 일어날 일이다. 그러나 고달픈 청년실업의 현실을 잠시 접어두고 생각해보면, 자유시민이라면 국가와 시민을 위해 봉사할 수 있는 의무와 권리가 있다는 발상이 그리 잘못되었다고 할 수는 없다. 우리 헌법에도 있는 '노동의 의무'라는 조항은 그 의무를 수행하고 싶은 수만 명의 청년에게는 거추장스러운 장식물일 뿐이지만, 그리스에서는 아니었던 모양이다. 그들은 그 의무와 권리를 추첨을 통해 수행함으로써 민주시민으로서의 책임을 다했다. 이런 점을 고려하면, 고대 그리스 민주주의가 민회를 중심으로 한 직접민주주의만으로 운영되었다는 주장은 사실이 아니다.

문제는 "직접민주주의냐, 간접민주주의냐"가 아니다. 중요한 것은 어떤 형태의 간접민주주의(대의체)냐, 또는 어떤 방식으로 직접민주주의가 실행되었느냐는 것이다. 대의체를 구성하는 방식은 선거제도의 수많은 종류처럼 다양하며, 직접민주주의 역시 그 형식과 내용 면에서 천차만별이다. 우리의 현행 선거법은 대의체의 대표성과 표의 비례성을 구현하지 못하고 있으며, 우리 역사에서 국민투표제가 처음 도입된 것은 박정희의 쿠데타 이후 개헌을 위한 국민투표였다. 그런데도 우리는 아직까지 직접민주주의가 좋은가 간접민주주의가 옳은가 식의 단편적 논쟁 구도에서 좀처럼 나아가지 못하고 있다.

고대 그리스에서 보울레가 민주주의의 특징적 기관으로 인정받을 수 있었던 것은 아리스토텔레스*가 잘 묘사했듯이 그것이 "내일이면 내가 앉아 있을 수도 있는 자리에 오늘 앉아 있는 이의 지배를 받아들이는 것"이기 때문이었다. 누구나 통치권을 행사할 수 있는 동일한 확률이 보장되는 체제가 실제 좋은 결과를 낳을지는 알 수 없지만, 그것이 인민의 자기 지배를 근본 원리로 하는 민주주의에 부합하는 것이라는 점은 분명하다.

그러나 어느 순간 민주주의는 인민의 자기지배가 아니라 자신을 대신해 지배할 사람을 뽑는 '선거'와 동일시되기 시작했고, 지배자와 피지배자는 동일하거나 계속 교체되어야 하는 것이 아니라 견고하게 분리되어야 한다는 인식이 자리 잡았다. 결국 오늘날 우리가 민주주의의 이름으로 목도하고 있는 현실은 직업 정치인과 전문가들이 정치를 독점한, 아무리 보아도 민주주의의 근본 원리가 구현된 것 같지 않은 체제다. 사회와 분리된 정치가 과연 민주적일 수 있는가?

---

* 아리스토텔레스(Aristoteles, BC 384 ~ BC 322)는 플라톤의 제자로 고대 그리스의 대표적인 사상가다. 정치와 철학만이 아니라 물리학, 윤리학, 수사학, 형식논리학, 동물학 등의 분야에서도 많은 업적을 남겼다.

민주주의는 절차(과정)인가, 내용(결과)인가?

민주주의가 가진 또 하나의 난점은 이것을 절차와 제도로 보느냐, 아니면 어떤 결과나 상태로 보느냐에 대한 것이다. 우리가 87년체제의 민주주의적 한계를 말할 때, 흔히 "절차적 민주주의는 완성되었지만 실질적 민주주의는 과제로 남아 있다"라는 진부한 평가를 종종 듣게 된다. 여기에서 실질적 민주주의가 무엇을 의미하는지 역시 다양하지만, 대체로 절차와 대립시키는 어떤 상태, 즉 절차를 통해 작동한 결과를 의미하는 경향이 있다. 쉽게 말해 절차적 민주주의를 강조하는 사람들은 권력과 부정의injustice로부터 자유로운 민주적 제도의 안정적 운영을, 실질적 민주주의를 강조하는 사람들은 사회·경제적 정의의 실현으로 인한 국민 생활의 안정적 번영을 중시한다. 결국 이런 관점은 좋은 절차와 제도를 통해 인민생활의 번영을 이루는 것을 민주주의의 완결성으로 보는 시각으로 이어진다.

그러나 민주주의를 절차와 결과를 모두 포함하는 광의의 개념으로 보게 되면 여러 가지 혼란을 피할 수 없다. 이 둘은 꼭 같지 않기 때문이다. 아주 잘 설계된 민주적 절차와 제도를 통해, 매우 정교한 룰을 따라 오랫동안 진지하게 토론하고 내린 결론일지라도 얼마든지 최악의 결정으로 이어질 수 있다는 것은 자명하다. 우리 개개인은 잘못된 판단을 자주 하는데, 우리 전체도 그럴 수 있기 때문이다. 만일 잘 설계된 민주적 절차와 제도가 항상 좋은 결정을 내린다면, 경상도에서나 전라도에서나 좋은 제도만 있다면 동일한 결론을 도출할 것이다. 수구정당 당원 모임의 결정과 진보정당 당원 모임의 결정도 동일하게 수렴될 것이다. 그런데, 현실은 과연 그런가? 어떤 민주적 절차와 제도를 통한 결정의 질이 좋냐 나쁘냐는 보통 사후적으로만 파악될 수 있지만, 그 결정의 질을 직접적으로 좌우하는 것은 보통 제도가 아니라 데모스의 질이다.

위험스러운 것은 민주주의를 절차와 제도라는 협소한 틀로 가둬놓는 것에서가 아니라 정확히 그 반대의 경향에서 나타난다. 민주주의를 좋은 결과나 상태 같은 것으로 간주하게 되면 절차와 과정은 부차적인 중요성을 가지는 것으로 치부하기 쉽다. 즉, 좋은 결과를 얻는 것이 절차와 제도를 민주적으로 잘 운영하는 것보다 더 중요하다는 결론을 피하기 어렵다. 특히 데모스 내부에 견해와 가치지향이 다른 집단이 공존하고 있는 경우, 누구든 자신이 추구하는 가치와 배치되는 결론이 내려진다면 그것이 나쁜 결정이라고 생각하기 쉽다. 극단적으로 어떤 사람은 자기 공동체가 나쁜 결정을 내리는 것을 막기 위해 즉, 절차적 민주주의가 실질적 민주주의(결과로서의 민주주의)를 파괴하는 것을 막기 위해 절차적 민주주의를 제한하거나 중단해 버릴 수 있다. 이런 경우, 독재와 민주주의는 서로를 교묘하게 참칭한다(이 문제는 3장에서 좀 더 자세히 다룰 것이다).

이런 문제를 어떻게 피할 수 있을까? 한 가지 대안은 '민주주의'와 '정치'를 구분하는 것이다. 어떻게? 민주주의는 인민 스스로 자신에게 영향을 미치는 규칙을 결정하는 절차이자 제도이며, 정치는 데모스가 이 절차와 제도를 통해 좋은 결과를 내릴 수 있도록 경주하는 실천적 활동으로 보는 것이다. 서로 다른 지향을 실현하기 위한 활동으로서의 정치는 민주적 절차와 제도의 틀 속에서 이뤄져야 하며, 그 절차가 최선의 민주주의였다면 그 결과에 승복해야 한다. 만일 이 두 가지가 뒤바뀔 경우, 우리는 역사 속의 독재권력, 심지어는 진보정치의 일부 경향에서도 확인할 수 있는 권위주의의 늪에서 빠져 나올 수 없다.

그래서 우리는 민주주의를 깊게 이해하는 동시에 민주주의에 대한 허구적 환상과도 결별해야 한다. 민주주의는 잘 설계되기만 한다면 항상 좋은 결과를 낳는 것이 아니라, 단지 그 가능성을 높이는 제도다. 각자의 상이한 주장들이 서로 '가장 좋은 결과를 만들 대안'을 주장하는 상황에서 무엇이 실제로 좋은 결과를 낳는지는 사후적으로만 판단될 수 있기 때문에 집단적 토론과 심의를 통해 그 가능성을 높이는 것이다. 따라서 민주주의를 통해 내려지는 결과의 질은 그 정치공동체의 문화와 관습, 정치의 질, 경제의 구조적 조건 등의 요인으로부터 크게 영향받는다.

동일한 제도와 규칙이라도 모든 데모스에서 동일하게 작동할 수는 없다. 질문이 허용되지 않는 정치문화에 익숙한 이들은 참여를 부담스러운 의무로만 받아들이며, 가치보다 계파·인물에 따라 결정하는 문화에 익숙한 이들은 스스로 고뇌하기보다 누군가의 입만 본다. 최소한의 공적 사안에 대해 치열하게 고민해볼 여력조차 없는 과로 일상사에 놓인 이들은 민주주의를 먹고살 만한 사람들이나 떠벌리고 다니는 사치품 정도로 치부할 수도 있다. 그러나 이제까지 살펴본 것처럼 민주주의는, 비록 그 결과가 우리 모두의 번영과 행복, 평화를 안겨주지 못하더라도, 지배자와 피지배자가 동일한, 그러므로 이 둘의 차이가 사라지는 매우 혁명적인 사상이다.

그러나 민주주의는 이런저런 핑계 속에서 왜곡되고 변형되어 애초의 의미와는 지나치게 동떨어진, 전혀 다른 모습으로 변모했다. 이제 우리가 나눌 이야기는 민주주의라는 이상이 현실에 적용되면서 나타나는 대표적인 두 가지 편향과 왜곡에 대한 것이다.

데모스의 범위를 어떻게 설정할 것인가?

어떤 결정에 영향을 받는 사람들이 그 결정을 만드는 과정에 참여하는 것이 민주주의라는 정의에 기초하면, 여전히 도처에는 민주주의와 거리가 먼 제도들이 민주주의의 이름으로 존재한다. 데모스의 범위와 관련해서 흥미로운 사례는 2009년 2월 5일, 우리 국회가 통과시킨 재외국민투표권 문제다. 재외국민투표권은 국내거소신고가 되어 있지 않은 해외영주권자에게도 우리나라 대통령, 국회의원, 지방자치단체장, 지방의원을 선출할 권한을 부여한 것이다. 즉, 단지 해외에 단기간 거주하고 있는 우리 국민의 투표권을 보장하는 것을 넘어, 국내에 살지 않는 해외 영주권자에게도 투표권을 부여한 것이다.

이 문제를 어떻게 봐야 할까? 사실 해외영주권자들에게 더 큰 영향을 미치는 결정은 한국 의회가 아니라 살고 있는 나라의 의회에서 이루어진다. 더구나 해외영주권자들은 해당국가에 세금을 내며, 그곳 법률가들과 정치인들의 결정에 따라 생활을 조직하고 영향 받는다.

세계 인권규약에서도 이 문제를 다루고 있다. 147개국이 비준한 「시민적및정치적권리에관한국제규약」(속칭 'B규약'. 우리는 1990년 7월 10일부터 채택국에 가입했다) 제2조 1항에는 "이 규약의 각 당사국은 자국의 영토 내에 있으며, 그 관할권 하에 있는 모든 개인에 대하여 인종, 피부색, 성, 언어, 종교, 정치적 또는 기타의 의견, 민족적 또는 사회적 출신, 재산, 출생 또는 기타의 신분 등에 의한 어떠한 종류의 차별도 없이 이 규약에서 인정되는 권리들을 존중하고 확보할 것을 약속한다"고 되어 있다.

이 규약 제25조에서 제시하고 있는 권리 및 기회는 이런 것들이다.

(a) 직접 또는 자유로이 선출한 대표자를 통하여 정치에 참여하는 것
(b) 보통, 평등 선거권에 따라 비밀투표에 의하여 행하여지고, 선거인의 의사의 자유로운 표명을 보장하는 진정한 정기적 선거에서 투표하거나 피선되는 것
(c) 일반적인 평등 조건 하에 자국의 공무에 취임하는 것

세계 인권규약처럼, 민주주의의 원칙에 비춰보면 재외국민(특히 영주권자)에게 우리나라의 투표권을 부여하는 것보다 그(녀)가 살고 있는 국가에서 투표권을 행사하도록 하는 것이 더욱 민주적이다. 우리는 주민투표법에 따라 국내에 거주하고 있는 외국인에게 투표할 수 있는 권리를 부여하고 있지만 지방선거에만 해당될 뿐 대통령선거와 국회의원선거에서는 부여하고 있지 않다.

이 사례는 데모스의 범위와 권리의 문제를 어떻게 조정할 것인지에 대한 흥미로운 질문을 던져 준다.

+ 더 읽어볼 책

데이비드 헬드, 『민주주의의 모델들』, 박찬표 옮김, 후마니타스, 2010.
민주주의와 관련한 수많은 책이 쏟아져 나오지만 민주주의 자체의 개념과 역사를 다양하게 다룬 책은 많지 않다. 그만큼 민주주의를 각자의 시각에 따라 해석해 강조하는 경향이 강하기 때문이다. 헬드의 이 책은 민주주의의 다양한 개념과 역사, 쟁점을 포괄적으로 다루고 있고 쉽게 읽힌다. 딱 교과서적인 책으로 '재미'보다는 '공부'에 적합하지만, 민주주의에 대해 개괄적으로 알고 싶은 이들은 읽어볼 만하다. 책값이 조금 비싸고 책이 두껍다는 게 흠.

2. 대의제 민주주의의 허와 실

어떤 민주주의 1 : 자유주의와 선거민주주의

술에 잔뜩 취한 이들이 어지럽게 널브러져 있고, 악사는 흥을 북돋우기 위해 좁은 틈을 비집고 자리를 잡았다. 한쪽에는 깃발을 쥔 사내가 누군가와 반갑게 인사하고 있다. 아무도 신경 쓰고 있지 않지만, 의자를 집어든 어떤 사내는 창문 밖 다른 색 깃발을 쥔 사내를 위협하며 욕을 쏟아낸다. 모두가 흥에 겨워 떠드는데, 술을 나르는 젊은 시종만이 못마땅한 듯 인상을 쓰고 있다. 도대체 이 그림은 무엇을 그린 것일까?

답은 이 그림의 제목에서 드러난다. '선거향응'. 영국의 풍자화가 호가스가 1755년에 그린 그림으로 1754년 옥스퍼드 선거를 풍자했다. 왜 이 그림의 제목이 '선거향응'일까? 당시 영국은 투표권자가 인구의 5%도 되지 않았고, 지금처럼 곳곳에 투표소가 설치되어 있지도 않았다. 그래서 선거에 출마한 사람은 유권자를 직접 투표소가 있는 곳까지 데려와야 했고, 그렇게 데려

1754년 영국 옥스퍼드 선거를 풍자한 호가스의 그림.
선거가 민주주의의 영역 속에 들어온 것은 비교적 최근의 일이다.

온 유권자를 투표하는 날까지 접대해야 했다. 그렇다. 당시 영국 선거는 최대한 많은 유권자를 불러 모아 선거 날까지 향응을 제공할 수 있는 사람만이 당선될 수 있었다. 호가스의 그림은 민주주의의 외피를 썼지만 별로 민주주의적이지 않았던 당시 선거의 모습을 잘 포착하고 있다.

도시국가가 제국에게 하나둘씩 점령되고 데모스의 규모가 커지고 다루어야 할 의제가 많아지면서 공적 문제를 당사자들이 모두 모여 결정한다는 고대 그리스의 구상 같은 것은 상상력 너머로 내쳐졌다. 이제 민주주의는 그런 것일 수 없었다. 이제 민주주의라고 하는 것은 선거라는 또 하나의 발명품을 통해 우리 대신 주권을 행사할 이들을 선택하는 행위와 동일시되었다. 이른바 대의제 민주주의의 시대가 활짝 열렸다.

물론 '선거'라는 제도가 처음부터 민주주의의 최고 장식물로 인정받았던 것은 아니다. 근대에 들어서 선거라는 제도가 등장한 것은 13세기 영국에서 왕의 권력집중에 반대한 귀족들이 봉건적 권리를 요구하면서다. 애초에는 민주주의와 하등 상관이 없었던 것이다. 선거는 특수한 계층, 즉 특별한 신분이나 재산을 가진 사람들만이 향유하는 것이었다. 사실 이런 특성이 새로운 것은 아니다. 고대 그리스에서도 추첨이 민주정의 상징적 제도라면, 선거는 귀족정의 상징적 제도로 여겨졌다. 선거라는 제도는 지배자와 피지배자가 동일한 상태를 추구하는 민주주의와 달리, 어떤 측면에서건 보통 사람보다 특별한 인물을 선출하는 메커니즘으로 작동하기 때문이다. 그 특별함의 기준이 문제 해결 능력이나 리더십이 아니라 돈이나 외모, 신분이라 할지라도 말이다.

이런 선거에 민주적 성격이 부여되기 시작한 것은 노동자와 여성, 흑인을 비롯해 그동안 다양한 측면에서 배제되어 왔던 이들이 격렬하게 선거할 권리, 즉 보통선거권을 요구하면서부터다. 권력자를 선택할 권리를 갖게 되었다는 것은 왠지 엄청난 권력을 갖게 된 것처럼 느끼게 만드는 효과가 있었다. 설령 그것이 우리 스스로 지배자가 되는 것이 아니라 우리를 지배할 여러 사람 중 하나를 선택하는 자유에 머물렀을 뿐이라도 그랬다.

남성 노동자에서 여성으로, 다시 흑인에서 청년으로 투표권을 행사할 수 있는 사람들의 범위는 계속 넓어졌다. 그러나 하나의 사실은 전혀 바뀌지 않았다. "누구나 투표할 수는 있지만, 누구나 당선될 수는 없다"는, 자명한 그 현실 말이다. 물론 상황은 훨씬 더 복잡하다. 선거로 대표자를 뽑는다고 해서 그 방법이 모두 동일하지도 않다. 인터넷에서 '선거제도'라는 키워드로 검색만 해봐도 수없이 많은 제도들이 쏟아진다. 제도상의 작은 차이가 현실에서는 매우 큰 차이로 이어지기도 하며, 동일한 제도라 할지라도 그것을 운영하는 주체에 따라 천양지차의 결과를 만들어 낸다.

그렇다면 우리는 대의제를 어떻게 봐야 할까? 두 가지만 살펴보자. 편의상 '수평적 차원'과 '수직적 차원'으로 나눈다.

대의체는 데모스의 의견을 대변할 수 있을까?

첫째, 수평적 차원을 먼저 살펴보자. 이것은 선거로 구성한 의회가 얼마나 국민 전체의 의견을 골고루 반영할 수 있느냐를 둘러싼 쟁점과 관련된다. 이른바 '정당체제의 민주화'다. 애초에 대의민주주의 제도가 생각했던 시나리오는 이렇다. 우선, 모두가 참여해서 공적 문제를 결정하는 직접제는 불가능하다. 다모일 수도 없을뿐더러 설령 한 곳에 다 모이더라도 토론은 불가능하다. 여론조사나 국민투표도 마찬가지다. 즉각적인 선호만을 통계적으로 모아낼 뿐, 해당 의제를 깊이 있게 숙의할 수 없다. 그렇다면 숙의가 가능한 소수의 사람들을 선택하면 된다. 어떻게?

사회에는 수많은 갈등과 균열이 존재하니 이걸 좀 단순하게 만들자. 가장 적대적인 것을 양편에 두고, 비슷비슷한 요구끼리 조금씩 뭉쳐 나가면 몇 개의 덩어리로 만들 수 있다. 각 덩어리의 특성에 맞춰 모인 사람들의 무리를 '정당'Party으로 부르자.

각 정당은 사회 곳곳에 존재하는 사회적 갈등과 균열을 골고루 대변하면 안 된다. 아주 편파적으로 대변해야 한다. 그래야 대의체, 즉 의회라는 공간은 서로 다른 가치를 대변하는 정당들이 모여 국민 전체를 유사하게 재현하는 공간이 된다. 곧 의회는 전체 국민의 축소판이자 초상화가 될 것이다!

국민들은 선거에서 자신을 가장 잘 대변해 줄 것 같은 정당이 추천한 후보에게 투표하면 된다. 설령 그가 선출되지 않아도 전체 국민의 의사가 투표 행위로 파악된 것이니 민주성이 보장된 것이고, 정당은 해당 분야의 지식에 해박한 전문가를 후보로 공천했을 테니 전문성도 보장된다. 잘 팔리는 상품이 품질도 좋듯이, 국민 고객들이 선택한 정치 상품은 선택받지 못한 것보다 우월하다. 그래서 선거를 통해 검증된 전문가들이 모여서 내린 공적 결정은, 설령 전체 국민이 한 자리에 모여서 토론한 결론이 있더라도 그것보다 우월할 것이다!

이렇게 대의제의 이상은 '사회적 갈등과 균열을 편파적으로 반영'하는 정당 간 경쟁을 민주주의의 기본 운영 원리로 삼는 것이다. 그런데 문제는, 대부분의 이론들이 그렇듯이, 막상 현실에서 벌어지는 일들은 의도와는 참으로 다르다는 점이다.

우선 쉽게 확인할 수 있는 팩트만 체크해보자. 선거라는 제도가 사회적 갈등과 균열을 의회체제에 비례적으로 반영할 수 있을까? 이 질문에 가장 부정적인 대답을 하게 만드는 대표적

역대 국회의원 선거 결과

역대 국회	선거 연도	주요 선거법	제1당	제2당	제3당	제4당	무소속
제1대 (제헌)	1948	친일파 후보 금지	27.5/26.1	14.5/13.5	6.0/9.6	3.0/2.0	42.5/40.3
제2대	1950	다수대표제 (1인 1구역)	11.4/9.7	11.4/9.8	6.7/6.8	4.8/3.3	60.0/62.9
제3대	1954	친일파 금지조항 해제	56.2/36.8	7.4/7.9	1.5/2.6	1.5/1.0	33.5/47.9
제4대	1958	다수당 후보공천시작	54.1/42.1	33.9/34	0.8/0.6	0.4/0.6	11.6/21.7
제5대 (참의원)	1960	다수대표제 (1인 1구역)	53.4/51.4	6.9/6.1	1.7/1.4	0.7/1.3	34.6/38.1
제6대	1963	다수대표제 (1인 1구역)	74.8/33.5	20.6/20.1	6.1/13.6	4.6/8.1	
제7대	1967	득표율에 비례 일정 의석 배분	77.9/50.6	21.4/32.7	0.8/2.3	0.0/3.6	
제8대	1971	무소속 제한	56.2/47.8	42.5/44.4	0.6/4.0	0.6/1.4	
제9대	1973	중선거구제 (2인 1구역), 무소속 허용	50.0/38.7	35.6/32.5	1.4/10.2		12.8/18.6
제10대	1978	1/3 의석 대통령 임명	44.2/31.7	39.6/32.8	1.9/7.4		14.3/28.1

역대 국회	선거 연도	주요 선거법	제1당	제2당	제3당	제4당	무소속
제11대	1981		48.9/35.6	31.0/21.6	9.8/13.3	1.1/6.7	6.0/11.7
제12대	1985		47.3/35.3	27.2/29.3	14.1/19.7	8.2/9.1	2.1/3.2
제13대	1988	다수대표제 (1인 1구역)	38.8/33.9	24.1/23.8	20.5/19.2	12.1/15.5	4.0/4.8
제14대	1992	득표율에 비례 일정	48.9/38.5	31.6/29.2	10.1/17.4	0.4/1.8	8.9/11.5
제15대	1996	의석배분 무소속 허용	47.8/38.5	26.1/25.3	16.2/16.2	3.6/11.2	6.3/12.8
제16대	2000		49.3/39.0	42.3/35.9	5.3/9.8	0.4/3.7	2.2/9.4
제17대	2004	정당명부 비례대표제 (56석)	50.8/38.3	40.4/37.9	3.3/13.0	3.0/7.0	0.1/0.0
제18대	2008	비례의석 54석으로 축소	51.1/37.4	27.1/25.1	6.0/13.1	1,6/6.8	8.3/0.0
제19대	2012	국회의석 300석으로 확대	50.7/42.8	42.3/36.45	4.3/10.3	1.7/3.23	1/0.0
제20대	2016		41.0/25.5	40.7/33.5	12.7/26.7	2.0/7.23	3.7/0.0

인 선거제도는 바로 '단순다수대표제'다. 뭐가 단순하고 뭐가 다수며, 뭐가 대표제냐고? 말 그대로 선거에서 표를 제일 많이 받은 사람이 당선되고 나머지는 다 떨어지는, 그런 제도가 단순다수대표제다. 어딘가 익숙하지 않은가? 그렇다. 바로 우리나라 국회의원을 선택하는 방식이다.

2001년 7월 19일 헌법재판소는 '공직선거및선거부정방지법' 제146조 제2항에 대해 위헌확인을 한 바 있다. 한마디로 그때까지는 단순다수대표제로 지역구 후보만 선택해 왔기 때문에 국민의 투표와 국회에 들어간 정당 비율 간에 불일치가 너무 크니, 정당투표에 대한 비례성을 보완하라는 것이었다. 그래서 2002년 지방선거부터는 일본처럼 한 표는 정당에게, 한 표는 후보에게 투표하기 시작했다. 그래서 비례성이 보완되었을까?

단순다수대표제는 힘이 센 정당에게 유리하고 신생 정당이나 소수 정당에게는 절대적으로 불리하다. 앞의 표는 역대 국회의원 선거 결과를 국회 의석수가 많은 정당 순으로 정리한 것이다. 그 아래 제시된 숫자의 왼쪽은 정당이 국회에서 차지한 의석 비율을, 그 오른쪽 숫자는 선거에서 얻은 득표율을 적어 놓았다. 자세히 보면 1당과 2당은 항상 선거에서 득표한 표의 비율보다 더 많은 비율의 의석을 가져갔다. 그런데 3당 이후의 정당은 대체로 선거에서 얻은 표의 비율보다 아주 적은 의석수만 가져갈 수 있었다.*

그런데 가만 보니, 2004년 정당에게 따로 투표하게 한 비례
대표제도가 도입된 이후에도 이런 경향이 바뀌지 않았다. 왜일
까? 소수정당이 자신이 얻은 표의 가치를 빼앗긴다면, 당연하
게도 그걸 빼앗아 가는 이들도 있을 것이다. 거대정당들이다.

그들은 어쩔 수 없이 비례대표제를 도입한 이후, 비례 의석
을 전국구 후보에게 배정되었던 46에서 고작 10석을 늘린 56석
으로 확정했다. 그런데 단순다수대표제로 선출하는 지역구 의
석은 기존 227석에서 243석으로 16석이나 늘렸다. 그마저도
2008년 19대 국회의원선거에서는 비례의석을 두 석 줄여 54석
으로 만들었고, 2016년 20대 총선에서는 지역구 의석만 한 석
늘려 전체 국회 의석수 300석을 채웠다.

단순다수대표제의 오묘한 메커니즘은 사회적 소수파를 정
치적 다수파로 변신시킨다. 생각해보라. 투표율이 50%라고 가
정했을 때, 이론적으로 전체 유권자의 25%의 표만 얻으면 어
떤 선거에서도 이길 수 있다. 설령 나머지 75%의 유권자가 그
25%를 경멸하더라도 달라지는 것은 없다. 결국 각종 조직과 미
디어에 대한 영향력을 보유한 사회적 소수파는 인구의 25%의

---

* 이 표는 온만금, 「한국 정당체계의 형성과 변화에 관한 이론(1948~2000)」, 『한국사회
학』 제37집 3호(2003)에 나온 표와 중앙선거관리위원회 선거 결과 자료를 조합해 만들
었다. 2004년 이후 정당의 득표는 정당명부 득표율이다.

국회에 진입한 정당과 교섭단체 비율(1987~2016)

		13대	14대	15대	16대	17대	18대	19대	20대
선거 참여 정당	정당 수	14	6	11	11	14	13	20	24
	1개 정당의 비율(%)	7.1	16.7	9.1	9.1	7.1	7.7	5	4.2
국회 진입 정당	정당 수	5	4	4	5	5	6	4	4
	1개 정당의 비율(%)	20.0	25.0	25.0	20.0	20.0	16.7	25.0	25.0
교섭 단체 구성 정당	정당 수	4	3	3	2	2	3	2	3
	1개 정당의 비율(%)	25.0	33.3	33.3	50.0	50.0	33.3	50.0	33.3

* 출처: 박경미, 「교섭단체제운영의 정치적 결과 : 주요 정당의 합의와 배제의 구조」 경희대학교 인류사회재건연구원, *OUGHTOPIA*, Vol.25, No.1, Spring(2010)의 표 일부에 관련 내용을 추가해 만들었다.

지지만 동원해도 무소불위의 정치적 다수파로 거듭난다. 바로 우리가 민주주의의 꽃이라 부르는 '선거'를 통해서 말이다.

문제는 또 있다. 설령 소수 정당이 이런 제도적 약점에도 불구하고 기를 쓰고 국회에 진입하는 데 성공하더라도 또 하나의 장벽을 마주해야 한다. 바로 원내교섭단체 제도다. 20석 이상을 획득한 정당에게만 자격이 부여되는 원내교섭단체 중심의 국회운영은 선거제도로 뒤틀린 표의 비례성을 다시 한 번 더 비튼다.

앞의 표는 1987년 이후, 총선에 참여한 정당수와 국회 진입에 성공한 정당수, 원내교섭단체를 구성한 정당수와 비율을 비교한 표다. 이 세 번의 단계를 거치며 표의 비례성은 차츰차츰 뒤틀린다.

이렇듯 한국의 정치제도는 양당제로의 유인이 매우 크게 설계되어 있다. 그럼에도 양당제가 확고히 자리 잡지 못하고 있는 것은 그만큼 기성정당에 대한 불신이 크기 때문일 것이다. 그래서 비례민주주의연대 등 시민사회단체에서는 최소한 유권자의 투표수와 의회 구성의 등가성을 보장할 수 있도록 연동형 비례대표제 도입을 요구해 왔고 우리 선거관리위원회에서도 이를 가장 바람직한 선거법 개정안으로 제시한 바 있다. 그런데 왜 이것이 이루어지지 않을까?

답은 너무 당연하다. 누군가 손해를 보고 있다면 누군가는 이득을 보며, 잘못된 상태를 바로잡으면 그전에 얻었던 이익을 기대하지 말아야 한다는 자명한 사실 때문이다. 그런데 그들은 그렇게 하고 싶지 않다.

어쨌거나 사회적 균열을 편파적으로, 또 비례적으로 의회에 반영한다는 대의제의 신화는 이론으로만 존재한다. 적어도 한국사회에서는.

간접민주주의는 다 동일할까?

수평적 차원의 민주주의를 둘러싼 쟁점을 살펴봤으니 이제 수직적 차원으로 넘어가보자. 만일 우리가 잘 고안된 선거제도를 도입해 유권자의 투표와 의회 구성의 비례성을 구현할 수 있다면 문제는 사라질까? 한 가지 쟁점이 더 있다. 바로 정치적 권리를 '위임받은 자'와 '위임한 자' 간의 수직적 차원의 관계에 관한 문제다.

이 부분을 좀 더 쉽게 이해하기 위해서는 간접(대의)민주주의의 두 가지 형태를 살펴봐야 한다. 정치학자 마넹은 '간접적'이라는 말이 어떻게 다르게 사용되는지를 다음과 같은 비유를 통해 설명했다.

전령이 한 사람으로부터 다른 사람에게 서신을 전달할 때, 두 사람은 '간접적'으로 의사소통을 한 것이다. 한편, 어떤 고객이 예금구좌에 돈을 예치하고 은행이 자신의 돈을 투자할 수 있도록 했다면, 그 고객은 돈의 주인이지만 '간접적'으로만 자신의 돈을 쓸 수 있다. 이 둘은 전혀 다른 의미를 가진다.*

이 사례는 대의민주주의에서 이루어지는 두 가지 정치적 위임에 대한 은유다. 서신을 전달한 전령은 수신자에게 발신자의 의사를 전달했지만 그 내용에 대해서는 개입할 수 없다. 반면 은행은 예치된 돈을 예금주의 의사와 상관없이 자신의 판단대로 투자를 하거나 빌려 준다. 둘 다 간접적인 행위지만 성격은 전혀 다르다.

이를 정치적 위임과 결부시키면 두 가지 위임의 원리가 나온다. 우선 위의 사례에서 '전령'처럼 선출된 대리자가 자신을 선출한 유권자의 의사에 따라 의회활동을 펼치는 것을 원칙으로 삼을 수 있다. 이것을 유권자의 명령대로 의원이 활동한다고 해서 '명령위임 원칙'이라고 부른다. 반면에 은행처럼 선출된 대표자가 유권자의 의사와 무관하게 자신의 판단에 따라 의회활동을 펼칠 수도 있다. 이것을 유권자의 의사로부터 자유롭게

* 버나드 마넹, 『선거는 민주적인가』, 곽준혁 옮김, 후마니타스, 2004.

의원 자신의 판단에 따라 활동한다고 해서 '자유위임 원칙'이라고 부른다.

이 두 원리는 유권자의 권리가 선거에만 행사되는지, 아니면 선출된 의원의 활동 기간에도 행사되는지를 가른다. 명령위임 원칙에서는 마치 제품의 불량이 발견되면 생산업체가 제품을 리콜recall하듯이, 유권자가 자신의 의사와 다르게 활동하는 대리자를 소환recall할 수 있다. 반면, 어떤 정치체계가 자유위임 원칙에 따라 설계되어 있다면 유권자는 대표자의 정치적 판단이 마음에 들지 않는다고 해서 그를 소환할 수 없다. 그 의원은 오로지 자신의 양심에 따라 활동할 뿐, 유권자의 정치적 견해에 대한 책임을 지지 않는다.

이론은 이렇지만, 현실은 약간 다르다. 명령위임 원칙의 경우, 대의체제에서 이루어지는 모든 결정과 합의에 대해 일일이 유권자의 의사를 묻는 것이 불가능하고 효율적이지 못하기 때문에 실제로는 '필요에 의한 아래로부터의 통제'라는 형태로 나타난다. 즉, 사전에 유권자의 의사를 묻지 않고 자유롭게 활동하지만, 유권자들은 대리자의 활동 결과에 따라 그의 의원 자격을 박탈할 수 있는 권한을 갖게 되는 것이다. 또한, 매우 중대한 사안에 대해서는 의원들이 아니라 유권자가 직접 결정하며, 꼭 필요한 법안이 있다면 직접 제안할 수도 있다. 이처럼 명령위임 원칙에 따른 대표적인 제도가 유권자들이 직접 중요 안건에 대해 결정하는 국민투표제, 대리자를 소환하는 소환제, 어떤 의견을 직접 제시하는 발안제다. 이런 제도는 흔히 '직접민주주의'로 불리지만, 엄밀히 말해 대의제를 대체하는 것이 아니라 보완하며, 대의제를 전제할 때에만 작동할 수 있는 것이기 때문에 반+직접제, 또는 반+간접제로 부르는 것이 정확하다.

우리나라의 경우, 이런 제도는 지방자치제에만 적용하고 있고 국회의원이나 대통령에게는 적용하지 않고 있다. 우리 헌법 46조 2항의 "국회의원은 국가이익을 우선하여 양심에 따라 직무를 행한다"는 구절은 자유위임 원칙을 표현한 것으로 해석하는 것이 다수설이다. 우리 헌법에서는 대통령을 탄핵할 수 있는 권한이 국민이 아니라 국회에만 있으며, 그 타당성의 해석도 국민이 아니라 헌법재판소가 가지고 있다. 또한 국민투표는 대통령이 제안할 수 있지만 과거 노무현 정부의 행정수도 이전 국민투표 제안을 헌법재판소가 인정하지 않았던 것처럼, 우리 헌정 체계는 국민의 정치참여에 대해 대단히 소극적이다. 물론 국민이 법안을 발의할 수 있는 방법도 없으며, 대신 청원 제도만 존재한다.

엘리트 민주주의는 민주주의일 수 있는가?

어떤가? 정치적 권리의 자유위임이 민주주의의 가치와 부합
할 수 있을까? 일각에서는 그런 민주주의가 더 바람직하다고
주장하기도 한다.

민주주의 이론의 주류 패러다임인 '다원주의 민주주의 이론'
은 정치를 희소한 자원을 둘러싼 이해관계자들 사이의 투쟁이
라고 보는 경향이 있다. 즉, 사회적인 이해관계자들이 의회를
구성하고 서로 갈등하거나 타협한 결과를 국민 전체의 의사로
간주하는 것이다. 이런 논리에서는 대의체에 투입되는 대표들
이 고도로 전문화되어 있고 여러모로 보통 사람보다 '뛰어난'
엘리트여야 한다.

이들에게 '뛰어나다'는 수식어를 붙일 때 그 의미는 "국민
의 의사를 대변하는 능력이 뛰어나다"는 것과는 다르다. 이들
은 국민을 대변하는 것이 아니라 자기 자신만을 대표한다. 즉,
이들의 판단은 '평범한' 보통 국민들보다 우월한 것으로 간주
된다. 훨씬 더 많은 정보를 접하고 그것을 해석할 뛰어난 지능
을 지녔으니 당연히 판단력도 보통사람에 비해 탁월할 것이다.
그러므로 국민은 의회를 구성하는 선거에만 참여하면 그만일
뿐, 그들의 통치과정에는 개입해선 안 된다. 덜 뛰어난 자들이
더 뛰어난 자들에게 이래라 저래라 하는 것은 이치에 맞지도

않고 크게 잘못하는 짓이다. 엘리트 민주주의론자인 슘페터는 이렇게 말한다.

> 유권자들은 자신들의 대표가 무엇을 해야 하는지에 대해 명령하려는 시도를 하지 말아야 한다. 또한, 대표들의 판단에 영향을 미칠 수 있는 편지나 전보 공세 등 어떤 시도도 금지해야 한다.*

한때 뉴라이트 운동의 이론적 지주 역할을 했던 한 교수 역시 "집은 건축 전문가 짓고, 프로그램은 컴퓨터 전문가가 짜며, 옷은 전문 디자이너가 만들듯이 정치도 전문가가 하는 것이 훨씬 더 좋은 결과를 낳는다"고 주장한 바 있다. 일반 국민보다 똑똑한 사람이 내린 결정이니 그들보다 열등한 것으로 간주된 일반 국민이 왈가불가하는 것은 정치의 질을 떨어뜨린다는 것이다.

어떤가? 이런 주장이 합리성을 가지려면 전체 국민의 의사

---

* Schumpeter, J. A. *Capitalism, Socialism and Democracy*, Unwin University Books, 1966. 조지프 슘페터(joseph alois Schumpeter. 1883~1950)는 케인즈와 더불어 20세기 가장 중요한 경제학자 중 한 명으로 기술발전이나 경제구조의 질적 개선에 의한 혁신의 가치를 매우 중시했다. 그는 자본주의가 발전하면서 자본주의에 반대하는 가치들을 스스로 만들어 내어 결국 사회주의로 대체될 것이라고 주장하기도 했다. 그러나 그가 생각하는 민주주의는 곧 선거이며, 엘리트의 판단이 일반 국민보다 우월하다는 엘리트주의적 시각에 머물러 있다.

보다 엘리트의 판단이 다양한 측면에서 옳았다는 것을 보여주면 된다. 그러나 경험이 일천해서인지는 몰라도 이 주장을 뒷받침할 사례나 근거, 타당성을 찾기란 쉽지 않다. 게다가 선출된 엘리트가 아무런 개인적 이해관계 없이 오로지 자신의 전문성과 양심에 따라 정치활동을 전개한다는 것 역시 명백하게 사실과 다르다. 증거를 대라고? 아무 신문이나 펼쳐서 부패와 비리를 다룬 국회의원 관련 기사를 찾아보라.

지금 우리 국회를 구성하고 있는 이들이 사회적으로 공인된 자격 측면에서 일반 국민보다 우월하다는 것은 사실이다. 판사, 검사, 변호사 등 법조계 출신이 다수며 교수나 전문직도 널려 있다. 그러나 이들의 학력과 학벌, 재산이 정치적으로 올바른 결정을 내릴 능력을 보장해 주는 것일까? 평범한 보통사람들은 정말 이들보다 올바른 정치적 결정을 내릴 능력이 없을까?

만일 '그렇다'고 답한다면, 더 이상 우리가 민주주의에 대해 논할 것은 없다. 그렇다고 대답한 사람들에게는 아쉬운 이야기일지 모르겠지만, 민주주의란 것은 평범한 사람들이 정치적으로 매우 중요한 결정을 내릴 수 있다는 가정 하에서만 작동할 수 있다. 그것은 이 체제의 가능성을 말하는 것이 아니라 '전제조건'을 규정하는 것이다. 만일 이 전제가 틀렸다고 한다면, 평범한 사람들이 선출한 대표의 우월성은 어떻게 증명할 것인가? 국회의원을 뽑기 위해서는 차라리 복잡하고 비용이 많이 드는 선거 대신, 적절하게 설계된 자격고사를 도입하면 될 일이다.

좋은 생각이라고? 좋다. 그러나 그렇게 생각한다면 이것을 민주주의로 참칭할 필요는 없다. 플라톤처럼 민주주의는 중우 정치며 철인이 정치를 독점해야 한다고 주장하면 될 일이다. 솔직해지자.

대의체는 어떤 모습이어야 하는가?

미국의 1대 부통령과 2대 대통령을 역임했고 독립선언서 기초위원의 한 사람이었던 존 애덤스John Admas는 미국이 만들어야 할 의회가 "국민처럼 생각하고 느끼고 판단하고 행동하는 국민의 정확한 초상화, 축소판이 되어야 한다"*고 말한 바 있다. 효율성과 전문성, 리더십이 강조되는 행정부와 달리 의회는 국민 전체의 모습을 가장 정확하게 반영하는 것이 기본적인 역할이라는 것이다. 그러나 오늘날 의회의 모습은 일반 국민의 삶과는 너무나도 다르다.

그들이 받는 임금과 수당, 각종 특혜만이 아니라 출신 직업

---

* John Adams. *Thoughts on Government* (1776) in C. F. Adams (ed.), The Life and Works of John Adams, 10 Vols.(Boston : Little Brown, 1850-6), Vol. IV, p. 195.

부터 다르며, 교육수준과 경험한 문화, 인적 네트워크도 보통 사람들과 다르다. 2016년에 치러진 20대 국회의원 당선자 중 재산 신고액 1위를 차지한 의원의 재산은 2,637억 7,333만 5천 원이었다. 신고액만 그렇다. 지금 우리 국회는 국민의 초상화가 아니라 전혀 다른 풍경화를 그려 보이고 있다. 그러나 그들의 허울 좋은 학벌과 재산, 출신 직업처럼 훌륭한 의정활동을 펼치고 있을까? 우리는 국회에서 소수의 열정적이며 헌신적인 의원들을 목격하기도 하지만, 300명 중 다수는 무엇을 하고 있는지조차 알 수 없다. 한국행정연구원이 매년 발표하는 사회통합 실태조사에서 국회는 항상 압도적으로 신뢰도 꼴찌를 기록하고 있으며, 통계청이 발표한 '한국의 사회동향 2017'에서도 국민이 전혀 또는 별로 청렴하지 않다고 생각하는 비율의 압도적 1위는 국회로, 89.8%를 찍었다. 그들이 대변한다는 국민의 평가가 그렇다.

물론 노동자 의원이 노동자를 가장 잘 대변하고, 서민 출신 의원이 서민을 가장 잘 대변한다는 것은 근거가 없다. 자신이 객관적으로 속한 사회적 범주가 어디냐와 그가 어떤 가치와 정체성을 가지고 있느냐는 필연적인 연관을 맺지 않는다. 그럼에도 불구하고, 민주주의에서 의회라는 공간은 청년도 농민도, 또 어떤 국회의원이 '밥하는 동네 아줌마'라고 폄훼한 급식 노동자도 의원이 될 수 있는 곳이어야 한다. 그러나 이런 일은 민주노동당*이 진보정당 최초의 원내진출이라는 엄청난 타이틀을 가졌을 때에나 간혹 목격된 일이다. 오히려 우리가 경험한 의회는 최대한 평범하지 않은, 사회 특권계급에 속하는 사람들만 골라내고 있다.

1987년 6월의 거리에서 대통령 직선제와 자유주의적 대의제의 복원은 민주주의였다. 그러나 30년이 지난 시점에서는 그 자체가 민주화해야 할 대상이 되고 말았다. 민주주의는 고정된 어떤 상태를 지칭하는 명사가 아니라 끊임없이 변화하고 발전하는 동사와 같다. 대의제의 한계가 드러났다는 것은 그만큼 우리 사회의 민주주의가 발전하고 있다는 말도 된다. 이제 한 단계 높은 민주주의 체제를 상상할 수 있음에 기뻐하라.

그렇다면 자유주의적 대의제를 지속적으로 비판해 왔던 정치 경향은 대안적 민주주의 모델을 보여주고 있을까? 아니면 또 다른 문제를 만들고 있을까? 다음 장에서 살펴볼 '또 하나의 민주주의'는 매우 극우적인 것이지만, 이들에게 저항하면서 정반대의 입장에 섰던 이들도 자유롭지만은 않을 것이다.

---

* 민주노동당은 다양한 민중운동세력들이 모여 2000년 창당한 정당으로, 2004년 17대 총선에서 10명의 의원을 당선시켜 국회에 진출했다. 총선 직후 한때 20%에 육박하는 지지율을 기록하기도 했으나 2008년 내부 갈등을 극복하지 못하고 분열한다. 18대 총선에서 5명의 의원을 당선시키고 2011년 국민참여당과 진보신당 탈당파와 함께 통합진보당을 창당하며 역사 속으로 사라졌다.

정치와 운동은 만날 수 없을까?

한국 최고의 민주주의 이론가가 누구냐고 묻는다면 아마도 최장집 고려대 명예교수의 이름을 떠올리는 이들이 많을 것이다. 최 명예교수는 그만큼 민주주의 이론을 둘러싼 업적뿐만 아니라 대중적·정치적 영향력 면에서 독보적이다. 그가 민주주의의 민주화, 즉 1987년 이후 민주주의의 새로운 과제를 제기한 시점은 자유주의적 대의제에 대한 직접민주주의적 비판이 확산된 시점과 겹친다. 흔히 2008년 광우병 쇠고기 수입 반대 운동이 국민의 의사를 무시한 정권의 반민주성을 성토한 것으로, 2017년 대통령 파면을 이끌어 낸 촛불이 직접민주주의의 가능성을 보여준 사례로 거론하지만, 그는 일관되게 직접민주주의의 무용성을 강조하면서 대의제 민주주의가 유일한 대안이라고 주장하고 있다. 그의 주장을 천천히 짚어보자.

최 교수는 「촛불시위의 결과가 직접민주주의인가」라는 2017년 10월 11일자 『중앙일보』 칼럼에서 더불어민주당 정당발전위원회가 직접민주주의를 지향하는 정당이라는 당 혁신안을 채택한 것을 비판한다. "직접민주주의가 대의제 민주주의보다 더 좋다는 민주당 개혁안의 대전제는 커다란 오해에 기반하고 있다"는 것이다.

그에 따르면 현대사회에서 대의제 민주주의를 선택하게 된 것은 '진보파'들이 생각하는 것처럼 직접민주주의를 실현할 수 없기 때문에 차선택으로 선택한 것이 아니다. 그는 여러 '대표적인 정치학자들'의 주장을 빌려 대의제는 본질적으로 엘리트를 선출하는 방식인 선거가 있기 때문에 우월한 정치체제라고 말한다. 대의제는 선거로 선출한 대표에게 통치를 위임하는 귀족주의의 장점과 평등한 인민주권을 실현하는 민주주의의 장점을 결합한 체제이기에 우월하다는 것이다.

그러고는 고대 그리스 도시국가 중 생업인 농사일에 바빠 정치에 많은 관심을 갖기 어려운 사회에서 아테네처럼 추첨으로 공직자를 선발하지 않고 선거를 통해 지도자를 선출한 사례와 현대 미국 서부 여러 주에서 시민발의와 주민투표로 결정된 주요 법안들이 미국의 운동 보수주의를 불러온 사례를 제시한다. 칼럼의 마지막은 진보적 정부가 시민들로부터 위임받은 권력을 효과적으로 활용해 통치체제로서의 민주주의를 잘 운영하는 것은 "사려 깊은 진보와 개명된 보수가 상호 경쟁하면서도 타협하고 협력하는 정치를 통해서만 가능한 일"이라고 끝맺는다.

주의 깊은 독자라면 최장집 교수의 주장과 이 책에서 다룬 민주주의에 대한 생각이 매우 다르다는 점을 알 수 있을 것이다. 민주주의에 대한 최 교수의 주장이 더 명확하게 부각된 것은 2008년 광우병 쇠고기 수입반대 촛불시위의 해석을 둘러싼 논쟁이었다. 당시에도 그는 민주주의를 "시민들이 스스로 직접 통치하는 것이 아니라 선거를 통해 대표를 선출하여 그에게 통치를 위임함으로써, 대표로 하여금 통치토록 하는 체제"라고 보면서 "촛불집회로 제기된 문제를 해결하는 것은 민주주의 제도를 넘어서는 어떤 방법으로서가 아니라 그 제도를 더욱 강화하고 발전시키는 방법을 통해서"라고 주장한 바 있다.* 일각에서 주장하는 대통령 소환제 도입 같은 직접민주주의에 대한 요구는 "현실 민주주의를 넘어서는 어떤 것"으로, 바람직하지 않다는 것이다. 그러고는 제도를 더욱 강화하고 발전시키는 방법은 선거를 통해 사회적 갈등을 반영하는 정당을 강화하고 발전시키는 것에서 찾아야 한다는 주장을 덧붙인다.

_____

* 최장집 교수가 퇴임을 앞두고 진행한 마지막 강의의 강의록에서 인용했다.

이런 주장을 어떻게 봐야 할까? 우선 몇 가지 오해부터 짚고 넘어가자. 최 교수와 많은 사람들이 '직접민주주의'라고 부르는 제도들, 이를테면 국민투표와 소환, 발안제 같은 것은 사실상 직접민주주의라기보다 대의제 민주주의를 전제로 그것을 보완하기 위한 반(半)직접제, 또는 반(半)간접제라는 것은 앞에서 설명했다. 이런 제도들이 대의제를 '전제'한다는 것은 대의제를 대체하기는커녕 그것 없이는 작동할 수 없는 제도라는 의미다. 따라서 이런 반직접제를 요구하는 사람들이 대의제 자체에 대해 반대하거나 없애야 한다고 주장하는 것은 아니다. 또 최 교수가 '현실 민주주의를 넘어서는 어떤 것'으로 본 대통령 소환제와 같은 것 역시 그 제도에 대한 호불호나 평가는 다를 수 있지만 이미 여러 나라에서 현실 민주주의 제도로 작동하고 있기 때문에 '현실 민주주의를 넘어선' 제도라고 보는 것은 무리다.

자세하게 따져봐야 할 것은 매우 중요한 공적 문제를 결정할 권한과 책임을 선거로 선출된 대표에게 두는 것이 훨씬 좋으며, 민주주의 발전을 위해서는 정당이 사회적 균열을 비례적으로 잘 반영하는 정당체제를 만드는 것이 국민이 직접정치에 뛰어드는 것보다 낫다는 주장이다. 좋은 정당체제를 만들고, 공적 문제에 매우 신중하고 전문적으로 접근할 수 있는 대표를 뽑아야 한다는 당위를 반대할 수는 없지만, 그 목표를 이룰 수단으로 선거라는 제도가 유일한 것인지에 대해서는 의문이 남는다.

선거에서 대표를 뽑는 기준은 저마다 다르다. 어떤 사람은 각 후보들의 정책을 세세하게 검토해서 평가할 수도 있지만, 누군가는 그냥 일을 잘할 것 같은 느낌이라서, 또 어떤 이는 출신 대학이 좋아서, 또 어떤 사람은 잘생겨서 뽑는다. 더 많은 사람들은 어떤 정당이 대표하는 지역색과 고향과의 일치 여부를 따진다. 물론 선거를 통해 좋은 후보를 선택할 수 있는 가능성은 있지만, 우리가 사전에 알았다면 절대 뽑지 않았을 정보가 사후에 발견되는 '선거 실패'의 가능성도 매우 높다. 아주 작은 물건도 구매 후 하자가 발견되면 교환을 해주는데, 정치인들의 하자는 왜 리콜(recall, 소환)할 수 없는가?

또한, 좋은 정당이 좋은 민주주의를 만든다는 주장은 부인할 수 없지만, 문제는 그것이 어떻게 가능하냐는 것이다. 최 교수는 그동안 촛불시위 같은 운동정치의 한계로, 찬반의 범위를 넘어서는 문제를 해결하기 위한 구체적 대안을 만들기 어렵고 정책의 우선순위를 정리하기 어려우며, 국가와 운동 간의 충돌이 일상화되고 운동의 강렬한 열정이 장기간 유지되기 어렵다는 문제를 제시한 바 있다. 이런 지적은 대체로 타당하지만, 촛불시위와 같은 그동안의 운동정치가 정당으로 충분히 문제를 해결할 수 있는 조건에서 일어난 것은 아니다. 오히려 실망스러운 정당의 활동에 대한 반발로 운동정치가 활성화되었으며, 이런 격렬한 사건을 경유한 뒤에야 정당이 제 역할을 조금이나마 찾아 나갔다고 보는 것이 정확한 평가다. 최 교수가 한국 민주주의 특성을 '운동에 의한 민주화'로 보았듯이, 아직까지 우리 민주주의는 운동정치와 제도정치(정당정치)가 상호 분리된 것이 아니라 긴밀한 관련을 맺으며 발전해 오고 있다. 그리고 냉정하게 평가한다면, 지금까지는 정당정치보다 운동정치가 민주적 감수성과 정책 결정의 질에서 더 우월했다고 평가할 수밖에 없다.

운동정치는 정당정치를 대체하려는 것이 아니라 그것의 허점을 채우거나 정당의 질적 발전을 유도하는 촉매제의 역할을 해왔다. 그리고 최 교수가 강조하는 '제도적 실천'은 운동적 에너지를 정당이 대의하게 하는 것만이 아니라 국민투표나 소환, 발안 등의 제도화를 통해서도 가능하다. 이런 운동적 위협 가능성이 제도화되는 것이 정당 발전의 발목을 잡는 일로 보이지 않는다.

한때 운동정치만을 중시했던 이들이 기성 정당체제를 개혁하는 것에 큰 관심이 없었던 시기가 있었다. 당시 그들은 기성 정당체제가 근본적 한계를 가지고 있기 때문에, 개혁보다는 파괴와 혁신적 재창조만이 답이라고 생각했다. 이런 상황에서 운동정치의 한계를 지적하고 정당정치의 민주적 활성화와 개혁을 요구한 최 교수의 주장은 적절했다. 그러나 지금은 정당체제를 파괴적 대체가 아니라 더 좋게 만들어 나가야 한다는 것을 누구도 부인하지 않으며, 운동정치의 힘만으로 근본적 문제를 해결할 수 있다고 믿는 시대도 아니다.

우리가 주목해야 할 것은 운동정치냐 정당정치냐의 양자택일이 아니라, 이 둘의 선순환적 관계다. 최 교수가 이 부분을 여전히 구분지어 하나의 선택을 요청하고 있는 것은 시대의 변화 때문이 아니라, 그의 협소한 엘리트 민주주의관 때문이 아닐까?

✦ 더 읽어볼 책

버나드 마넹, 『선거는 민주적인가 : 현대 대의민주주의의 원칙에 대한 비판적 고찰』, 곽준혁 옮김, 후마니타스, 2004.
고대 그리스 민주주의의 특징이 민회가 아니라 추첨이라는 선발제도라는 것을 실증적으로 잘 보여준 책. 추첨이라는 방식을 통해 민주주의에서 대표성의 문제를 획기적으로 극복할 수 있다고 생각하는 이들에게 큰 영향을 미쳤다. 특히 선거가 가지는 귀족주의적 특성을 다시 한번 생각해보게 만드는 책이다. 그리스 민주주의의 정수를 이해하고 직접민주주의와 대의제의 간극을 좁혀보려는 이들은 꼭 읽어보길 권한다.

3. 인민의 동일성은 어떻게 구성되었나

어떤 민주주의 2 : 칼 슈미트의 정치이론*

앞에서 우리는 대의제 민주주의가 민주주의 근본 의미를 어떻게 왜곡하면서 그것과 멀어지기 시작했는지 살펴봤다. 이제 살펴볼 또 하나의 민주주의는 단순히 반민주적 악의惡意를 갖지는 않았더라도 적과 격렬하게 싸우고 있는 이들이 쉽게 빠질 수 있는 민주주의의 변형과 왜곡의 상황을 다룬다.

이런 관점을 체계적으로 이해하기 위해서는 독일 법철학자 칼 슈미트의 정치이론을 살펴볼 필요가 있다. 칼 슈미트는 그의 고국에서 봉인된 법학자다. 독창적인 주권이론과 정치이론을 설파하면서 법해석의 최고 권위자로 군림했지만, 1933년 나치당에 입당하면서 히틀러 독재의 이론적 토대를 제공했기

---

* 3장은 다음의 논문에 크게 의존했다. 손우정,「진보정치와 '정치적인 것'의 재해석 : 칼 슈미트의 그람시적 확장을 위하여」, 급진민주주의연구모임 데모스, 『한국 급진민주주의 프로젝트: 비판과 모색 2』, 데모스, 2013.

칼 슈미트(Carl Schmitt, 1888~1985)는 독창적인 법철학 이론으로 명성을 떨쳤으나 나치당에 입당해 히틀러 독재체제에 대한 이론적 토대를 제공했다. 나치에 대한 그의 입장은 논란이 있지만, 그가 최소한 나치 독재를 용인했다는 것에는 크게 이견이 없다.

때문이다.

민주주의를 훼손하는 의회주의

인민의 자기지배를 핵심원리로 하는 민주주의는 지배자와 피지배자의 동일성을 핵심가치로 한다는 것을 이미 살펴봤다. 그렇다면 그 동일성이란 구체적으로 무엇을 말할까? 칼 슈미트는 민주주의의 동일성을 "치자와 피치자의 동일성, 지배자와 피지배자의 동일성, 국가권위의 주체와 객체의 동일성, 국민과 의회 대표와의 동일성, 국가와 투표할 때 국민과의 동일성, 국가와 법률과의 동일성, 양적인 것(다수결이나 만장일치)과 질적인 것(법률의 정당함)과의 동일성"*이라고 규정한다.

이런 정의는 바로 앞에서 살펴봤던 민주주의의 자유주의적 변형과는 사뭇 다르며 민주주의의 근본원리에 근접한 것으로 보인다. 그런데 현실적으로 지배자와 피지배자가 동일하기 위해서는 데모스, 즉 주권자인 인민이 동질해야 한다는 문제에 봉착한다. 슈미트가 활동했던 당시처럼, 항상 전쟁의 위험이 도사

---

* 칼 슈미트, 『현대 의회주의의 정신』, 박남규 옮김, 탐구당, 1987. (재출간 : 카를 슈미트, 『현대 의회주의의 정신사적 상황』, 나종석 옮김, 도서출판 길, 2012) 이후 특별한 출처를 표기하지 않은 슈미트의 인용문은 모두 이 책에서 따 왔다.

리고 있던 일촉즉발의 위기 상황(예외상황)에서 주권자가 동질적이지 않다면 긴급한 정치적 결단이 민주적 정당성을 갖추기 어렵기 때문이다.

그렇지만 인민은 결코 동질적인 존재가 아니다. 각각이 접하는 정보가 다르고 취향도 제각각이며 어떤 사안에 대한 시각도 같을 수 없다. 세계관이 유사한 공동체라도 동일한 진단이 항상 동일한 해법을 제시하는 것도 아니다. 그렇다면, 데모스가 동질적이지 않다면, 민주주의는 불가능한 것인가? 긴급한 상황에서의 결정은 민주적 정당성을 획득할 수 없는 것인가? 슈미트는 이에 대한 해법을 일반의지의 수호자, 루소에게서 발견한다.

인민이 충분한 지식을 가지고 어떤 문제를 의결하려고 할 때, 시민들이 사전에 어떤 편파적인 이익을 담합하지 않는다면, 그들 간에 생기는 작은 의견 차이의 총계에서는 항상 일반의지가 생겨나고 따라서 그 의결은 항상 올바른 것이 될 것이다. 그러나 당파가 생겨나고 이러한 부분적 집단이 정치체라는 큰 집단을 희생시켜 형성될 때, 각 부분적 집단들의 의지는 그 구성원에 대해서는 일반의지가 되지만 국가에 대해서는 특수의지가 된다.*

---

* 장 자크 루소, 『사회계약론(외)』, 이태일 외 옮김, 범우사, 1994.

이처럼 루소는 일반의지의 형성을 위해서는 편파적인 이익을 위한 담합이 없어야 하며, 국가 내부에 부분적 사회가 없어야 한다고 생각했다. 슈미트가 루소의 이런 생각에 동의했음은 명백하다. 슈미트가 보기에 이처럼 일반의지의 형성, 즉 동질성의 형성을 저해하는 국가 내부의 부분적 사회, 당파의 존재는 바로 자유위임 원칙에 따라 활동하는 의회다.

의회주의자들은 "모든 의원은 일당의 대표자가 아니고 전 국민의 대표자이며 어떤 지시에도 속박되지 않는다"고 주장하면서 "토론의 공개성, 언론자유 보장"을 외치고 있지만, 사실상 의회주의의 논쟁과 타협은 각 당파의 이해관계를 근거로 한 '거래에서 이루어지는 타협'일 뿐이다. 그래서 자유주의적 대의제는 실제로는 아무 효과도 없지만 사람들에게 마치 지대한 효과가 있는 것처럼 착각하게 만들기 위한 장식물에 불과하다.

> 의원의 독립과 회의의 공개성에 관한 규정은 불필요한 장식 같은 역할만 하고 무용할 뿐만 아니라 보기 싫기까지 하며, 그것은 마치 누군가가 훨훨 타오르는 불의 환상을 환기시키기 위해 붉은 불꽃을 근대적인 중앙 집중식 온방의 방열기에 켜 놓은 것과 같다.

슈미트가 보기에, 정당을 통해 민주주의를 구현하려는 자유주의자, 의회주의자들은 사회적으로 존재하는 갈등을 반영하는 것이 아니라 없는 갈등도 만들어 내며, 의회에 모여 앉아 별로 중요하지 않은 사안을 둘러싸고 한참 동안이나 치고 박고 싸운다. 즉, 의회는 동질성을 이루는 존재가 아니라 그나마 있는 동질성도 해체해 버리는 존재다.

그래서 슈미트는 데모스의 동질성을 위해 '토론에 의한 정치'를 표방하는 의회주의를 민주주의와 분리하기 시작한다. 오늘날 이 의회주의는 민주주의와 이상하게 붙어 있지만, 본래 의회주의는 자유주의 사상계에 속하는 것일 뿐, 민주주의와는 상관없는 것이었다. 자유주의와 민주주의가 원래 다른 것인데 붙어 있는 것이라면, 자유민주주의에서 자유주의만 다시 곱게 떼내 버리면 된다.

정치적인 것(the political), 적과 동지의 구분

의회주의에서는 정치적 동질성이 평등을 전제로 한 토론을 통해 달성될 수 있다고 주장한다. 그러나 슈미트가 보기에 그것은 불가능하다. 거의 모든 영역에서는 특유의 평등과 불평등이 존재하는데, 만일 평등을 정치적·경제적 측면으로만 간주할 경우, 그 외 다른 영역의 불평등은 은폐되어 버릴 뿐, 정치적 동질성을 만들어 낼 수 없다고 보기 때문이다. 그렇다면 이런 의회주의 방식 대신 슈미트가 생각한 묘안은 뭘까? 그것은 인민 스스로가 동질적이지 않더라도, 마치 동질적인 것처럼 여길 계기를 부여하는 것이다. 이를 위해서는 한 가지가 필요하다. 바로 '공동의 적'이다.

여기에서 칼 슈미트의 가장 유명한 명제가 나온다. 국가라는 개념은 '정치적인 것'the political의 개념을 전제하고 있는데, 이는 '적'과 '동지'를 구분하는 것에서 출발한다는 것이다.* 즉, 정치의 본질은 누가 적인지, 누가 친구(동지)인지 구분하면서 시작하며, 이 둘 간의 최종적 화해는 불가능하다. 이런 점에서 토론과 합의를 모토로 삼는 자유주의(의회주의)는 정치의 속성을 전혀 이해하지 못한 사상이다. 정치적 성격을 갖는 영역에서는 항상 대립적 요소가 존재한다.

민주주의가 전제하는 데모스의 동질성은 바로 여기에서 만들어진다. 반대편에 있는 배제하고 섬멸해야 할 이질적 대상, 즉 '적'의 존재로 인해 데모스 내부에 존재하는 차이가 마치 사라진 것처럼 여겨지게 만든다. 결국 데모스의 동질성은 동일한 적의 존재로 인한 '동일시'와 같은 것이다. 그래서 데모스의 동질성을 유지하기 위해서는 외부의 적에 동조하거나 동질성을 위협하는 이질적인 내부자들을 끊임없이 배제하거나 격리해야

---

* 칼 슈미트, 『정치적인 것의 개념』, 김효전 옮김, 범문사, 1992.

한다. 그들은 동질성을 위협하는 '내부의 적'이다.

결국 슈미트의 주장은 전쟁처럼 긴급한 상황에서도 민주주의가 가능하기 위해서는 데모스 내부의 이질적인 것을 공동의 적이라는 존재를 대상으로 한 동일시로 마치 없는 것처럼 만들고, 그래도 동일시되지 않은 것은 외부로 추방해 동질적인 데모스를 유지해야 한다는 것이다. 이런 논리는 오늘날에도 적용할수 있다. 어디에서인가 그 적은 국가나 종교, 민족이나 인종이었으며, 성적 취향이자 이데올로기였다. 세계 곳곳의 격렬한 정치적 현장에는 데모스의 동질성을 훼손하는 위협적 존재로 규정된 '적'이 항상 존재했다. 그래서 슈미트의 정치이론은 데모스 내부에서 작동하는 어떤 것이라기보다 데모스 자체를 구성하는 방법, 그 경계를 구획하는 방법에 관한 것이다.

민주주의와 독재의 만남, 갈채 민주주의

적에 대한 동일시로 데모스가 동질하게, 아니 마치 동질적인 것처럼 구성될 수 있다면, 이제 데모스 내부의 의사결정은 어떻게 이루어질 수 있는지를 살펴봐야 한다. '국민의 의사'라는 것을 만드는 방법 중 가장 쉽게 떠오르는 것은 국민투표처럼 모두의 의사를 비밀투표를 통해 확인하는 것이다. 그러나 슈미트에게 이것은 좋은 대안이 아니다. 그에게 비밀투표는 사적인 것과 무책임한 영역에서 벗어나지 않은 상태에서 의견을 제시하는 것에 지나지 않는다.

투표만이 국민의지를 표명하는 방법이라는 것 역시 민주주의 시대가 아니었던 19세기에 자유주의의 원칙과 민주주의의 원칙들이 혼합해서 성립된 관념일 뿐이다. 설령 일억 명이 일치된 의견을 가진다고 해도 그것이 꼭 국민의 의지나 여론을 말한다고 볼 수 없으며, 수백 명이 투표로 결정하는 것과 어느 한 사람이 국민의 의사를 구현하고 국민이 환호로 찬성을 표명하는 것이 서로 다른 것도 아니다. 무슨 말일까?

이 문제에 대해 슈미트는 일반의지에 대한 루소의 설명을 다시 가져온다. 루소는 자기의 의견과 다른 의견이 더 많다는 것을 확인하는 것은, 자신이 일반의지라고 생각하고 있었던 것이 사실은 일반의지가 아니었다는 것이 입증된 것에 불과하다고 주장한다. 사람들은 누구나 일반의지를 따르려 하기 때문에 설령 표결에서 패한 소수자라도, 그의 의지는 표결에서 승리한 다수자와 일치할 수 있다는 것이다. 실례로 어떤 시민은 자신의 의지에 반하는 법률에 찬성을 표하기도 하는데, 이는 그 법률 자체를 자유로운 시민들의 일반의사로 인식하기 때문이다. 즉, 시민은 본래 구체적인 내용에 찬성을 표하기보다 투표에서 생기는 일반의사에 추상적인 형태in abstractor로 찬성을 표한다.

슈미트는 이런 루소의 논리를 따라 하나의 결론에 이르게 된다. 법률과 국민의사의 동일성이 유지되는 경우에도 모든 시민이 절대적으로 일치된 의사를 표명할 수 없다면, 다수자의 의지와 소수자의 의지 중 어느 쪽이 국민의 의사와 동일한 것이냐는 추상적인 논리의 세계에서는 전혀 구별할 수 없다. 그렇다면 비록 소수자라 할지라도, 아니 단 한명의 선각자라 할지라도 국민의 진정한 의사를 구현할 수 있다는 결론에 이른다. 자기를 절대적으로 확신하는 직접적인 합리주의에 근거한 독재였던 "계몽주의의 교육독재, 철학적 자코뱅주의, 오성의 전제적 지배, 합리주의적·고전주의적 정신에서 파생된 형식적 통일, 철학과 총검과의 동맹"이 바로 이 지점에서 출현한다. 실제적이고 기술적인 이유 때문에 국민 대신에 국민이 신뢰하는 사람들이 결정할 수 있다고 주장한다면(의회주의), 신뢰를 받은 단 한 사람이 같은 국민의 이름으로 결정(독재)할 수도 있는 것이다!

이런 주장은 민주주의를 고수하면서도 반의회주의적인 시저주의, 즉 정치적 엘리트주의를 정당화하는 논리가 된다. 다음과 같은 유명한 언급은 너무나도 민주적인 독재가 가능할 뿐만 아니라 심지어 정당하기까지 하다는 슈미트 민주주의론의 핵심을 보여준다.

민주주의는 현대 의회주의라는 것이 없어도 존재할 수 있고 의회주의도 민주주의가 없어도 존재할 수 있다. 그리고 독재는 민주주의에 결정적으로 대립하는 것이 아니고 민주주의도 독재에 결정적으로 대립하는 것이 아니다.

그렇다면 아무나 독재를 해도 민주주의라고 주장할 수 있는가? 물론 아니다. 그가 국민의사를 대표한다는 것을 승인받아야 한다. 어떻게? 그것은 투표라는 방식(슈미트의 표현에 의하면 통계장치)이라기보다는 '자명하고 부인되지 않는 표현형식'이 더 적절하다. 바로 '갈채'acclamatio다. 국민의 갈채에 의해 지지되고 실질적인 민주주의와 강력한 힘이 직접적으로 표현된 '시저적 방법'이 바로 독재인 것이다!

그가 어떤 방식으로 나치당의 정당화에 기여했는지가 여기에서 확인된다.

민주주의와 독재 사이

칼 슈미트는 지배자의 위치에서 독재를 합리화한 이론을 설파했지만, 그가 주는 통찰도 만만치 않다. 특히 합의와 타협이 정치의 본질이라는 의회주의의 주장 앞에, 그렇게 이루어진 합의와 타협은 누군가의 이해관계를 무시하거나 유보한 결과이지 진정한 타협이 아니라는 비판은 귀담아 들을 필요가 있다. 또한, 자유주의 정당이 사실은 갈등을 반영하기보다 스스로 만들어내는 경향이 있다는 비판도 현실정치를 해석하는 데 유용하다.

외부에 존재하는 거대한 적을 상정해 두고, 정치공동체 내부의 동질성을 꾀하려는 시도 역시 분단체제의 그늘 속에 있는 우리나라에서 지난 10년 동안 반복적으로 목격해 온 일이다. 특히 배제와 섬멸의 대상으로서의 내부의 적을 만들어 놓고 스스로를 헌법수호자로 자처한 지난 정권의 모습은 칼 슈미트가 그려놓은 '독재의 정당화'의 전형이다. '종북좌빨'과 '동성애자' 등 끊임없이 생산되는 배제와 섬멸의 대상은 칼 슈미트 이론의 적절한 현실 사례다.

그렇다면 우리는 슈미트의 주장에서 자유로운가? 진보정치 운동에도 적을 타도한다는 명확한 목표를 구현하기 위한 가장 효율적인 투쟁을 민주주의 그 자체로 인식했던 경향이 있다. 독재 권력이 대항세력을 '내부의 적'으로 규정했듯이, 우리의 연대도 거대한 적에 대한 동일시에 기초했고, 내부의 이견을 배제와 섬멸의 대상처럼 인식한 경향도 없지 않다. 슈미트가 비상상황에서 헌법과 법률에 따라 현행 법률을 정지하는 '위임적 독재'와는 다른, 미래에 도래할 어떤 새로운 정치체제를 가능케 하는 상태를 추구하는 '주권적 독재'의 사례로 마르크스의 프롤

레타리아트 독재를 예로 든 것은 시사하는 바가 크다.

미래에 대한 확신에 차서 자신의 생각만을 유일한 선택기준으로 간주하고, 다른 입장의 사람들과 스스로를 엄격하게 구분하면서 '내용으로서의 민주주의'를 수호하기 위해 민주적 절차와 형식을 부차화하는 경향에서 우리는 분명 자유롭지 않다. "아직 존재하지 않는, 만들어져야 할 진정한 민주주의의 이름으로 현재의 민주주의를 정지"하는 것이 바로 슈미트가 설명한 '독재'였기 때문이다.

그러나 슈미트가 활동할 당시와 지금은 다르다. 우리가 민주주의라는 것을 본격적으로 사고하고 이를 적용하기 위해서는 개인이나 집단의 선각자적 통찰에 오류가 없다는 배타성보다 적에 대한 동일시로 환원될 수 없는 다원적 적대와 이질적 공간에서 작동하는 정치 방법을 습득해야 한다. 아마도 그것은 배제와 섬멸이 아니라 최소한 공론장에서 작동하는 설득의 기술이 될 것이다. 그러나 이것이 가능하기 위해서는 설득이 효용성을 가질 수 있는 조건을 먼저 만들어 내야 한다.

이 질문은 이제 2부에서 본격적으로 살펴볼 정당 내부 민주주의를 구현하기 위한 조건과도 일치한다.

칼 슈미트의 그람시적 확장

슈미트는 민주주의를 지배자와 피지배자의 동일성으로 보면서, 의회주의와는 양립하기 어려운 반면 권위주의와는 양립할 수 있는 것으로 보고 있다. 이런 논리는 나치의 이론화에 기여했음은 물론 박정희 유신헌법의 논리적 근거로 차용되기도 했다.

그러나 다른 한편으로 슈미트의 '결단주의'와 '동일성 민주주의론'은 사회변화의 과정에서 주체의 역할을 무시했던 당대의 속류 경제결정론자들에 비해 주체의 역할과 실천을 주목하고 강조했다는 점에서 중요한 시사점이 있다. 즉, 민주주의에서 지배자와 피지배자의 동일성이 실제 동일하게 되는 것이 아니라 '동일한 적'에 대한 적대의 동일시라면, 이 과정을 만들어 나가는 것은 주체의 정치적 실천에 달려 있는 문제다.

여기에서 우리는 슈미트의 한계를 보완할 수 있는 한 인물을 떠올리게 된다. 바로 그람시*다. 슈미트가 말한 '정치적인 것'을 통해 구현되는 동일성은 "서로 다른 정체성과 주체성을 공동의 프로젝트로 결합시키는" 과정과 동일하며, 그람시는 이

---

* 안토니오 그람시(Antonio Gramsci, 1891~1937)는 이탈리아의 사회주의 이론가였다. 그는 현실주의 정치학을 정립한 마키아벨리처럼, 정치적 분석이 부족했던 사회주의 이론에 탁월한 정치 분석을 시도했다. 1926년 무솔리니 정부에 의해 연행되어 1936년 옥중에서 사망할 때까지 그가 남긴 글들은 오늘날의 정치 분석에도 대단히 큰 통찰력을 주고 있다

를 '헤게모니적 실천'이라고 불렀다. 그람시의 표현을 빌려 슈미트의 주장을 설명하면, 지배세력은 적에 대한 동일시로 '헤게모니 블록'을 만들고, 이에 맞서는 그의 적은 이 헤게모니 블록에 저항하는 '대항 헤게모니 블록'을 만든다. 그리고 이 둘 사이에서 잔여적인 것은 기회주의세력, 회색분자, 변절자, 종파주의자 등으로 낙인찍고 블록 내에서 배제하거나 섬멸함으로써 각 블록의 동일성을 유지한다.

이처럼 그람시와 슈미트는 정 반대의 위치에서 전혀 다른 목적으로 각자의 이론을 설파했지만, 그 핵심 논리구조는 유사하다. 그람시가 선진사회에서 혁명이 좌절된 이유를 탐구하면서 지배세력의 헤게모니에 개입하고 이를 변형할 실천 활동을 모색했다면, 슈미트는 이미 헤게모니를 소유하고 있는 지배세력의 입장에 서 있었던 것뿐이다. 따라서 슈미트가 '독재와 민주주의가 양립할 수 있다'고 주장한 것은 오직 '동지관계'에 있는 이들에게나 해당될 뿐, 그람시처럼 대항헤게모니의 형성과 실천을 위해 싸우던 이들에게는 그냥 독재일 수밖에 없다.

그렇다면 독재가 전혀 민주주의일 수 없는 이들은, 즉 지배세력에 저항하고 도전하는 세력은 어떻게 개입해야 할까? 또 이것을 독재가 아닌, 다른 방법으로 수행할 수는 없을까? 슈미트가 '급진 민주주의자'라고 묘사한 전통적인 좌파혁명세력은 극단적인 힘의 대결로 지배세력을 교체하고자 했다. 독재에 대항하기 위해서는 또 하나의 규율화된 독재가 필요하다고 생각했던 것이다. 그러나 그람시는 이와 달리 적과 동지가 서로만을 마주보는 힘과 힘의 대결이 아니라 제3의 대상을 두고 적과 동지가 각축하는 새로운 관계형태를 생각해 냈다.

그람시가 이런 사고를 할 수 있었던 것은 슈미트에게는 없었던 개념 하나가 존재했기 때문이다. 바로 '시민사회'라는 개념이다. 슈미트에게 민주주의는 어떤 매개도 없이 국가가 직접 시민들을 동원하는 것을 의미하기 때문에 시민사회라는 개념이 존재할 수 없다. 그러나 그람시는 선진산업사회에서의 지배는 단순한 강제가 아니라 시민사회의 광범위한 동의에 기반하고 있다는 것을 포착했기 때문에 이에 대한 개입과 변형을 중요한 실천과제로 인식할 수 있었던 것이다.

여기에서 시민사회라는 개념을 적과 동지 간의 투쟁에 개입하거나 두 힘의 양상을 변화시킬 수 있는 가변성으로 생각해보면 어떨까? 슈미트에게 시민사회는 의회주의처럼 혼란을 가중시키는 존재에 지나지 않았지만, 권력이 없는 이들이 독재의 방식에 의존하지 않을 방법은 이 가변성을 활용하는 것뿐이다. 이를 위해서는 시민사회가 지배세력에 의한 동일시 전략에서 언제든 벗어날 수 있는 가능성이 존재해야 한다. 따라서 시민사회의 다원화는 민주적인 정치적 실천의 전제조건이라고 할 수 있다.

슈미트의 한계를 그람시의 통찰로 확대해 보는 관점의 이동은 이제부터 우리가 살펴볼 정당 내부 민주주의에도 대단히 큰 시사점을 줄 것이다.

카를 슈미트, 『현대 의회주의의 정신사적 상황』, 나종석 옮김, 도서출판 길, 2012.
카를 슈미트, 『정치적인 것의 개념』, 김효전·정태호 옮김, 살림, 2012.
칼 슈미트의 책은 80년대 후반과 90년대 초에 주로 김효전 선생에 의해 번역되었
는데, 최근 그의 이론이 다시 주목받으면서 재번역되고 있다. 슈미트의 책은 전공
자가 아니라면 쉽지는 않다. 이 두 책은 민주주의에 대한 슈미트의 생각을 비교적
명료하게 알 수 있는 책이다.

안토니오 그람시, 『옥중수고 1, 2』, 이상훈 옮김, 거름, 1999.
단순한 정치투쟁보다 좀 더 유연하고 설득력 있는 정치전략을 모색하는 이들에게
는 안토니오 그람시의 책을 권한다. 번역에 대한 문제가 꾸준히 제기되었지만, 그
래도 그람시 하면 옥중수고다.

샹탈 무페·에르네스토 라클라우, 『헤게모니와 사회주의 전략 : 급진 민주주의 정
치를 향하여』, 이승원 옮김, 후마니타스, 2012.
어려운 학술서를 좋아하는 사람이라면 칼 슈미트의 통찰과 그람시의 통찰을 버무
려 사회주의를 향한 정치이론을 구성한 라클라우와 무페의 저작을 추천한다. 다
원주의 사회에서 정치전략을 어떻게 구성해야 하는지에 대해 중요한 통찰을 주고
있다. 철학적 지식이 없으면 매우 어렵다.

②

정당

정당party은 공동의 목표를 가진 이들이 그 목표를 달성하기 위해 조직한 정치적 결사체다. 정당이라는 것이 꼭 선거에 나서거나 법적 테두리 내에서 활동하는 것은 아니지만, 현대 민주주의에서 정당은 제도적 형식을 따라 활동하는 가장 기본적이며 필수적인 단위로 규정된다. 그래서 정당과 민주주의의 관계는 매우 복잡하고 어려운 질문들을 포함하고 있다.

이를테면 이런 것들이다. 정당은 정말 민주주의의 최소단위인가, 아니면 다른 기초단위의 집합인가? 정당 내부의 민주주의는 바람직한가, 아니면 정당 본연의 활동인 토론과 협상을 가로 막는 장애물인가? 정당 내부의 민주주의가 필요하다면 정당의 데모스는 당원인가, 지지자인가, 유권자 전체인가? 정당의 민주성은 운영에 대한 것으로 판단되는가, 당 외부의 활동 결과로 평가되는가?

대의제가 그리고 있는 이상적 작동과정은 다양한 사회적인 갈등과 지향이 서로 다른 정당에 편파적으로 반영되고, 이 정당들이 의회라는 공간에서 서로 다른 국민의 입장을 대변하게 함으로써 토론과 합의에 기초한 민주주의를 구현하는 것이다. 그렇다면 정당 그 자체는 민주주의와 어떤 관계를 어떻게 맺어야 하는지는 매우 중요한 질문이다.

2부에서는 정당 내부의 민주주의를 어떻게 이해해야 하는지, 또 여기에 관련되어 있는 질문과 난점들은 무엇인지 살펴보고 그 대안의 가능성을 모색한다. 4장에서는 정당과 민주주의를 둘러싼 여러 쟁점을 다루며, 5장에서는 정당 내부 민주주의 구현을 위한 새로운 시각을 정립하기 위해 권력이론을 살펴볼 것이다. 마지막 6장에서는 그동안 제안되었던 정당 내부 민주주의 방안을 검토해보고 그 의미에 대해 짚어본다.

4. 정당 내부 민주주의는 가능한가?

정당 내부 민주주의를 둘러싼 쟁점*

정당 이론의 권위자인 샤츠슈나이더는 근대 민주주의를 만드는 것은 정당이며, 민주주의는 정당을 빼고서는 생각할 수조차 없다고 말한 바 있다. 정당은 단순히 정부의 부속물이 아니라 민주주의에서 매우 결정적이고 창조적인 역할을 수행한다는 것이다.** 만일 민주주의에서 정당이 이토록 핵심적이고 중요하다면, 정당 자체는 얼마나 민주적이어야 하는가?

정당이 제대로 활동하기 위해서는 반드시 당원을 중심으로 한 내부 민주주의가 절실하다고 생각하는 사람들은 서운할 수

---

* 4장부터 6장까지는 다음 두 글에서 주요 내용을 끌어왔다. 손우정, 「한국진보정치운동의 궤적(1987~2014) : 제도화 전략의 성공과 실패를 중심으로」, 성공회대학교 박사학위논문, 2014; 손우정, 「한국 진보정당 내부 민주주의 제도 연구 : 민주노동당, 노동당, 녹색당, 정의당, 통합진보당 사례를 중심으로」, 민주화운동기념사업회, 『기억과 전망』 2015년 여름호(통권 32호).

** Schattschneider, Elmer Eric. *Party Government*, New York: Rinehart, 1942.

도 있지만, 이런 주장에 대해서는 꽤 오래 전부터 다양한 의문
이 제기되어 왔다. "정당 자체가 민주주의일 필요가 있는가?"라
는 도발적인 질문부터 "정당 내부에서 민주주의를 실현하는 것
이 가능하기는 한가?"라는 회의적인 의문까지도 제기되는 상
황이다.

정당 내부의 민주주의는 필요한가?

일부 예외 사례를 제외하면, 대체로 정당에서 당원이 사라지
고 있는 것이 세계적인 추세다. 비젠과 포군트케라는 정당 연
구자들은 2014년에 발표한 논문에서 유럽에서 정당의 당원수
가 지속적으로 감소하고 있을 뿐만 아니라 이제는 정당이 특정
사회 집단을 대표하기보다 다수 대중을 대상으로 한 설득, 특
히 선거 국면에서의 지지호소에만 집중하는 방향으로 바뀌고
있다고 주장했다.

이들은 그 근거 중 하나로 1980년대 이후 전체 유권자 대비
당원수의 변화를 나타낸 통계를 제시했다. 이 통계에 따르면 스
페인과 그리스 등 비교적 민주화가 늦게 도래한 곳을 제외하면
당원수의 감소는 분명하게 확인된다. 물론 일시적으로 신생정
당이나 새로운 정치변화가 시작된 곳에서는 (단기적으로) 당원

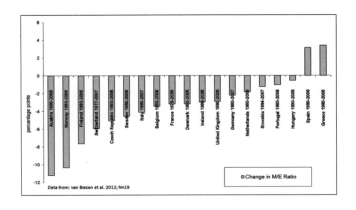

* 출처: Biezen, Ingrid van, and Thomas Poguntke. "The decline of membership-based politics", *Party Politics*, Vol. 20(2) (2014), pp. 205-216.

수가 증가하기도 하지만, 이런 추세가 지속될 것이라는 전망에
는 부정적이다.

그렇다면 한국은 어떨까? '정당의 주인은 당원'이라는 신념
을 가진 이들에게 위안이 될지는 몰라도, 비젠과 포군트케가 조
사한 유럽 정당의 유권자 대비 당원비율은 대략 4.7% 정도인
데 반해, 한국은 오히려 유권자 대비 당원수가 지속적으로 증
가해 왔다. 비슷한 시기의 통계를 보자. 2013년 12월 31일 현
재 19세 이상 국민 41,186,810명 중 정당에 가입한 당원의 수는

5,198,389명으로 12.6%에 이른다. 오, 그렇다면 정당 가입률이 쇠락하고 있는 유럽 정당과는 달리, 한국에는 당원 중심의 정당 민주주의를 시도해볼 만한가?

애석하게도 대답은 부정적이다. 한국에서 유권자 대비 당원 비율이 높게 나타난 시점은 정당 내 경선이나 야권 연대 등 공천 경쟁이 활성화되는 시기와 겹치고 있는데, 상당한 비율은 허수다. 즉, 당내 경선이나 야권 후보 단일화 경선에서 승리하기 위해 각 후보 진영이 열심히 당원 가입을 독려한 결과인 것이다. 당내 경선을 앞두고 폭발적으로 늘어나는 당원수에는 소위 '박스당원', '종이당원'으로 불리는 실체 없는 당원이 상당수 포함되어 있다는 것은 공공연한 비밀이다.

실제로 총선과 대선이 있었던 2012년 직후 각 정당의 당비 납부율을 살펴보면, 최대 의석 보유 정당인 당시 새누리당이 7.3%, 민주당은 15.4%에 지나지 않았다. 주로 경선을 위해 동원된 일회용 당원들이 경선 이후 당비를 내지 않았기 때문으로 추측된다.

그렇다면 애초부터 '당비를 내는 진성당원'을 최대 자랑으로 여기던 진보정당은 어떨까? 창당과 함께 진성당원제도를 도입했던 민주노동당의 초기 당비 납부율은 80~100%에 육박했지만 점차 하락해 2011년 이후 50%를 하회하는 추세가 이어졌다. 당비를 잘 내는 당원이라고 해서 정말 당운영에 적극적으

각 정당의 당비 납부율

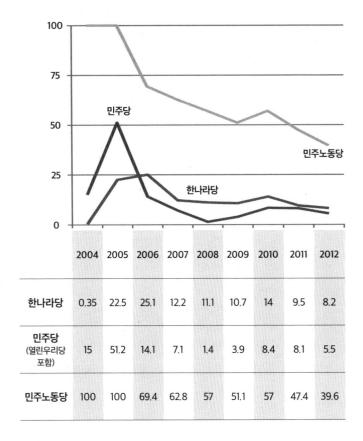

	2004	2005	2006	2007	2008	2009	2010	2011	2012
한나라당	0.35	22.5	25.1	12.2	11.1	10.7	14	9.5	8.2
민주당 (열린우리당 포함)	15	51.2	14.1	7.1	1.4	3.9	8.4	8.1	5.5
민주노동당	100	100	69.4	62.8	57	51.1	57	47.4	39.6

* 2004~2006년 민주당 통계는 열린우리당을 포함해 계산한 결과.
* 2012년도 한나라당 납부율은 새누리당 납부율.
* 선관위에 보고된 2004년, 2005년 민주노동당 당비 납부율은 100%로 되어 있으나, 실제로는 80% 수준이었던 것으로 추정.
* 출처: 중앙선거관리위원회, 『정당의 활동개황 및 회계보고』 각 연도 자료 조합.

로 참여했을까? 민주노동당 시절에도 당내 선거 투표율 50%를 넘기는 것이 쉽지 않았다는 것만 밝혀두자. 물론 당시 선거는 당비를 납부한 당원만이 자격이 있었다.

게다가 진보정당 역시 '경선용 당원' 의혹에서 자유롭지 않다. 2011년 창당한 통합진보당*은 통합 당시 승계된 당원 수가 4만2,294명이었지만, 12월 6,500명, 1월 7,000명, 2월 19,000명이 입당했다. 이는 2012년 총선을 위한 당내 경선을 앞두고 단 한 차례의 당비 납부만으로도 경선 투표권을 부여해, 이른바 '경선용 당원'이 폭증한 결과다. 진성당원과 엇비슷한 경선용 당원의 폭발적 증가는 왜 통합진보당이 2012년 비례후보 경선과정의 부정의혹을 해결하기 위해 자신들이 그토록 주장해 왔던 당원 직접민주주의를 작동시킬 수 없었는지에 대한 작은 실마리를 던져 준다.

이런 현상은 '대중정당' 모델이 점차 힘을 잃어 가고 있다는 것을 보여주고 있다. 아주 오래 전, 선거권을 보유하고 있던 중산층 이상의 유권자에게 의존하던 간부정당과 대비되는 개념으로 듀베르제가 제안한 대중정당 모델은 하층계급 중심의 운

---

* 통합진보당은 2011년 12월, 민주노동당과 국민참여당, 진보신당 탈당파가 모여 창당해 2012년 총선에서 13석을 얻었다. 그러나 총선 직후 당내 비례경선부정 의혹을 둘러싼 내홍 끝에 일부가 이탈해 진보정의당을 창당했고, 통합진보당은 2013년 내란음모사건과 법무부의 정당해산청구 끝에 2014년 12월 19일 해산됐다.

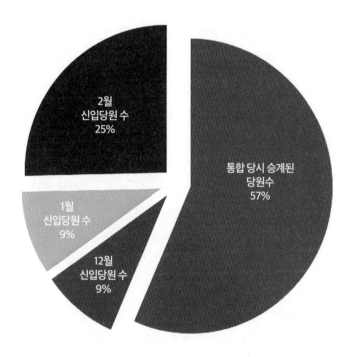

통합진보당은 총선을 앞두고 1개월 당비납부 당원이 폭발적으로 늘었다.
경선용 당원의 증가는 이후 일어난 경선부정 의혹을 둘러싼 치열한 내부갈등과정에
내부 민주주의가 작동하지 않은, 혹은 못한 이유에 대한 시사점을 준다.

동적 성격을 띠는 정당이다.

대중정당의 주요 특징을 좀 더 살펴보면 이렇다. 이 모델의 정당은 주로 이념적인 목표를 성취하기 위한 활동에 주력하며, 내부에 강력한 위계조직을 갖추고 당원들은 '지회'라는 당의 말단 기구를 중심으로 활동한다. 당의 자원은 주로 당원들이 내는 당비와 당과 연계된 조직이나 후원자의 기부, 그리고 정당 기관지 등 당이 관여하는 매체의 판매 대금으로 확보한다.

대중정당 모델에서 당원의 역할은 매우 핵심적인데, 이들은 당의 재정을 책임지기 위해 당비를 내는 데 머무르는 것이 아니라 지회를 통해 당 대외 활동을 직접 수행한다. 그래서 선거운동 또한 당원들이 거리와 공장에서 일일이 홍보물을 나누어 주면서 지지자를 조직하는 매우 노동집약적인 대중동원 방식으로 진행한다. 그리고 당의 지도력은 당의 정체성을 유지하기 위해 원내 의원이 아니라 원외 지도부에게 부여된다.

이런 설명을 쭉 들어보면 떠오르는 이미지가 있을 것이다. 그렇다. 몇 가지 이론적인 논란이 있을 수는 있지만 과거 민주노동당은 이런 대중정당을 모델로 만들었고, 이후 등장한 진보정당들도 여전히 대중정당 모델을 고수 중이다. 그런데, 이런 모델을 추구하는 정당에서 당원이 사라지고 있다면? 그들이 더 이상 당비를 내거나 당의 활동을 직접 수행하려 하지 않는다면? 이런 현상은 정당에 위기가 오고 있다는 징후를 보여주는 것이 아니라, 위기 그 자체를 말해 준다.

그러나 문제가 복잡해지는 것은 해적당이나 오성운동, 포데모스 등 비교적 짧은 기간에 유럽 곳곳에서 센세이션을 불러일으키고 있는 신생 정당들은 규율과 애당심으로 무장된 진성당원이 아니라 '유권자', 또는 '잠재적 지지자'로 호명된 당 밖의 집단과 개인들이 대중정당 모델에서 당원이 수행했던 역할의 상당 부분을 대신하고 있다는 점이다. 이들은 완전개방형 경선제를 채택해 당의 집행부를 선출하고 있고, 정당의 주요 결정에 대한 비당원의 투표 참여를 보장하고 있다. 심지어는 당의 주요 정책도 크라우드소싱crowdsourcing 방식으로 만들고 있다. 당과 당원의 경계가 모호해지는 이런 상황을 어떻게 이해해야 할까? 당원의 역할이 불분명하다면, 당 내부의 민주주의는 어떤 의미가 있을까? 과연 어디까지가 정당의 데모스인가?

당원 없는 정당의 시대

정당운영에서 당원의 역할이 점차 줄어드는 변화가 최근에 나타난 현상은 아니다. 1960년대 유럽 정당의 변화를 관찰한 키르히하이머라는 학자는 정당의 성격이 변화하고 있음을 예리하게 포착했다. 그는 정당이 자신의 이데올로기적 기반이 되는 계급·계층만을 대변하는 것이 아니라 모든 국민을 대변하려는 포괄정당catch-all party으로 변화하고 있다고 주장했다.* 즉, 정당이 이제는 누군가를 편파적으로 대변하는 것이 아니라, 영어 표현 그대로 '모두에게 표를 얻으려고 하는 정당'이 되고 있다는 것이다.

그가 포괄정당의 징후로 제시한 현상들은 이렇다. 우선 대중정당 모델과 달리 당의 이데올로기가 약화되고 특정 사회계급의 이익을 대변하는 대신 더 넓은 범위의 유권자의 이해와 요구를 대변하기 시작한다. 당원의 역할은 점차 줄어들지만, 정당은 이제까지는 관계가 없었던 새로운 유권자와 가까워지는 것을 더 중요하게 여긴다. 당의 재정과 선거운동 비용을 마련하기 위해 당원의 충성에 의존하기보다 다양한 이익집단과 점차 더 가까워진다. 어떤가? 만일 대중정당 모델로 출발했던 한국 진보정당의 역사에 익숙한 사람이라면 키르히하이머가 묘사한 포괄정당의 징후가 낯설지 않을 것이다.

사실 정당의 성격이 시간이 지날수록 변화하게 된다는 주장은 키르히하이머보다 훨씬 더 오래 전부터 있었다. 조직 내부의

---

* Kirchheimer, Otto. "The Transformation of Western European Party System", in J. LaPalombara and M. Weiner (eds.), *Political Parties and Political Development*, New Jersey: Princeton University Press, 1966.

민주주의를 연구한 미헬스*는 혁명적 노동조합과 좌파정당도 시간이 지날수록 조직 자체가 점차 과두제로 변하게 된다는 사실을 발견했다.** 그가 급진적 노조와 정당을 연구대상으로 삼은 이유는, 이들이 다른 어느 조직보다 민주주의를 강하게 요구하는 집단이었기 때문이다.

미헬스는 조직이 가지고 있는 기술·관리적 특성과 지도자를 추종하려는 대중의 심리, 그리고 지도자가 소유한 우월적 자질이 일단 한번 지도자가 된 이들에게 확립된 이점과 결합하면서 과두제를 강화한다고 설명했다. 민주주의를 강력하게 주장하고 있는 노조와 정당'마저도' 자기 내부에서는 민주주의를 실현하지 못하고 소수의 지도부에게 권력이 집중되는 상황을 그 유명한 '과두제의 철칙'으로 요약한 것이다. 이것을 얼마나 확고

---

* 로베르트 미헬스(Robert Michels. 1876. 1. 9 ~ 1936. 3. 3). 독일의 정치학자이자 사회학자이다. "선출된 자가 선출한 자들을 지배하고, 위임받은 자가 위임한 자들을 지배하며, 대의원이 유권자들을 지배한다. 다양한 형태의 민주주의의 품 안에서 과두정이 발전하는 것은, 사회주의 조직이건 아나키즘 조직이건 조직에는 필연적으로 나타나는 유기적 경향이다"라는 주장으로 유명하다. 그 스스로도 1900년 이탈리아 사민당에 입당하고 1903년에 독일 사민당에 입당하는 등 사회주의와 생디칼리즘에 빠졌지만, 1907년 사회주의 활동 경력 때문에 마르부르크 대학에서 교수자격논문 제출자격을 박탈당한다. 이후 그는 이탈리아로 넘어와 토리노 대학의 정치경제학 교수가 되는데, 그의 대표저인 저서 『정당사회학』은 이 시기인 1911년에 출판했다. 그러나 이후 미헬스는 전향해 1923년 이탈리아 파쇼당에 입당한다.

** 로베르트 미헬스, 『정당사회학 : 근대 민주주의의 과두적 경향에 관한 연구』, 김학이 옮김, 한길사, 2002.

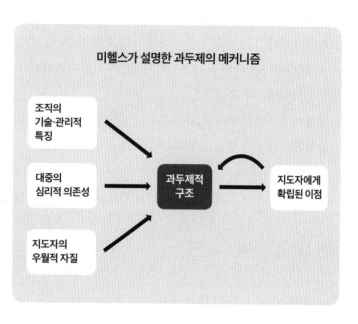

* 출처: Smelser, Neil J. "Robert Michels' Theory of Organizational Structure", Neil J. Smelser and R. Stephen Warner. *Sociological Theory: Historical and Formal*, General Learning Press, 1976.

한 필연적 결과라고 보았으면 그냥 법칙도 아니고 철의 법칙이라고 했을까?

그러나 정당의 성격이 이렇게 변화한 이유가 꼭 조직 내부에만 있는 것은 아니다. 기술혁신과 경제의 현대화는 전통적인 계급균열을 모호하게 만들었고, 노동자들의 소득이 증가할수록 계급 정체성도 약화되었다. 또한, 정당이 자체적으로 조성한 당비보다 국가보조금에 대한 의존도가 높아지면서 당원의 필요성도 줄어들기 시작했다. 대중동원에 기초한 혁명이 아니라 선거승리가 훨씬 현실적인 목표로 강조되면서 당원의 열정보다 정치 컨설턴트, 정책 전문가, 홍보 전문가에 대한 의존도가 더욱 높아지기 시작했다.

이처럼 당원의 역할과 중요성이 점차 사라지게 되는 조건은 정당 내에도, 정당 밖에도 존재한다. 현실이 이럴진대, 정말 정당 내부의 민주주의는 필요한 것일까? 아니, 그것이 가능하기는 한 것일까?

그래서 일부에서는 한국 진보정당의 분열을 평가하면서 이제 정당 민주주의는 정당 내부가 아니라 수평적 차원, 즉 전체 정당체제를 민주화하는 것에서 찾아야 한다고 주장하기도 한다. 한국 진보정당이 당내 민주주의를 과도하게 강조하면서, 좋은 정당이 되기 위해 당연히 발전시켜야 할 리더십과 이념, 적절한 조직 규율 등을 약화시켰지만, 민주적이어야 하는 것은 정당이 아니라 정당체제라는 것이다.

내부 민주주의를 둘러싼 쟁점과 딜레마

이런 문제를 어떻게 봐야 할까? 작은 단위에서 민주주의가 잘 이루어졌더라도 더 큰 단위에서의 민주주의가 자동적으로 이뤄지는 것은 아니라는 것은 틀린 말이 아니다. 매우 잘 설계된 민주적 절차를 통해 구성원들이 적극적으로 토의한 후 만들어 낸 결론은, 그 민주적 정당성으로 인해 더 높은 수준의 민주주의에서는 매우 경직되고 배타적인 입장으로 나타날 수도 있다.

그러나 과연 큰 규모에서 민주주의가 이루어지지 못한 것을 작은 규모의 민주주의 때문이라고 주장할 수 있는 것일까? 당내 민주주의를 과도하게 강조하면 좋은 정당이 되기 위해 당연히 발전시켜야 할 리더십과 이념, 적절한 조직 규율 등이 심각하게 약화될 수 있기 때문에 정당체제의 민주화를 방해할 수 있다는 주장은 두 가지 측면에서 검토되어야 한다.

첫째는 과연 당내 민주주의의 강조가 정당 간 관계의 민주화를 가로막았냐는 것이다. 이 주장이 설득력을 가지려면 민주주의가 리더십이나 이념, 조직 규율을 해치는 방향으로 작동한다는 것을 먼저 증명해야 한다. 그렇지만 민주주의는 좋은 리더십과 이념, 규율을 세우는 방법이기도 하다. 이렇게 본다면, 한국 진보정당의 문제는 과도한 민주주의가 아니라 민주주의의 실패 때문이었다는 평가도 가능하다.

둘째, 이런 주장은 민주주의가 적용되어야 할 대상에 우선순위가 있으며, 각 순위 간에는 대립적인 요소가 있다는 말과 같다. 그러나 또한, 우선순위의 논리라면 세계화 시대에는 하나의 국가 내부가 민주적일 필요는 없다는 주장도 가능하다. 정당 내부에서 민주주의를 실현하는 과제와 정당 간 체계를 민주화하는 과제는 전혀 상충하지 않는다. 그리고 민주주의가 적용되어야 할 우선순위가 정해져 있는 것도 아니다.

이보다 혼란스러운 쟁점은 정당 내부에서 민주주의를 실현하기 위한 데모스의 범위 문제다. 정당 내부의 민주주의를 실현하는 길이 꼭 당원에게 배타적 권리를 부여하는 형태로 나타나야 하는가? 현대 정당의 추세는 다양한 이유와 필요에 따라 당의 주요 사항에 대한 결정권을 비당원이나 지지자와 공유하는 방향으로 변하고 있다. 물론 이것이 당원의 동의 없이 이루어진 당내 엘리트들의 조치라면 문제가 되겠지만, 비당원에게도 권한을 부여하도록 당원들이 스스로 결정한 것이라면 내부 민주주의의 가치와 대립한다고 볼 수 없다.

게다가 당내 민주주의의 기본은 당의 재정에 기여하는 사람에게 일정한 권한을 부여하는 것이다. 그렇다면 국고보조금은 어떤가? 이것은 결국 세금이다. 더구나 당원 이외의 지지자에게 후원금도 받아야 한다. 대기업에 얼씬하지 않고 소액기부를 호소하더라도 마찬가지다. 우리는 그들의 후원금과 세금에 어떤 권한을 부여할 것인가? 정당의 활동 역시 정당을 넘어서는 범위에 영향을 미치게 된다는 점에서 정당 데모스의 경계는 항상 모호성을 띤다.

이 외에도 난점은 많다. 민주주의의 개념이 그렇듯이, 어떤 방식이 가장 민주적인 것이냐는 것은 합의되기도 어렵고 기준도 모호하다. 이를테면 당원에게 대표자를 선출할 권한을 100% 부여하는 것과 젠더와 지역, 사회적 그룹의 대표성을 보장하기 위해 지도부가 대의원 수를 미리 할당해 제시하는 것 중, 어느 것이 더 민주적이라고 말하기는 어렵다. 이것은 원칙의 문제라기보다 합의와 결정의 문제이기 때문이다.

정당이 민주적이려면 무엇이 필요한가?

그래도 몇 가지 원칙은 확인하고 넘어가야 한다. 좀 더 명확한 논의를 위해서는 질문을 바꿔야 한다. "정당이 민주적이려면 무엇이 필요한가?"

정당이 민주적이기 위해서는 당원의 권한이 실질적으로 행사되어야 한다는 것은 재론의 여지가 없다. 당원이 단지 당비를 내거나 당직·공직자를 선출하는 수준에 머무르는 것이 아니라 당의 주요 사항에 권한을 행사할 수 있어야 한다. 여기에는 당내 리더십이나 당의 규율을 선택하는 것은 물론 당이 추구하는 이념과 지향을 결정하는 것도 포함된다. 그리고 당내 민주주의는 갈등과 대립을 양산해 리더십의 균열을 가져오는 것이 아니라 균열된 리더십을 통합하기 위해 발휘되어야 한다. 민주주의는 난해하고 복잡하며 모호한 문제를 어떤 식으로든 결정하는 제도와 절차에 관한 것이기 때문이다.

당원의 이런 역할은 유령당원과 종이당원이 아니라 '진성당원'에 기초한 정당에서 가능하다. 만일 진성당원에 기초한 정당이 아니라면 완전개방형 국민참여 경선제처럼 지지자들에게 당내 주요 문제의 결정을 맡길 수 있다. 그럼에도 불구하고, 당내 민주주의의 원칙은 이 모든 것을 당원이 결정하는 것이다. 즉, 당원만이 아니라 지지자와 어떤 문제의 결정 권한을 공유하겠다는 결정 역시 당원의 선택이어야 한다. 그래서 국민참여 경선제나 유럽 신생정당의 크라우드 소싱 방식이 더 기발하고 참신하거나 대중적 호응이 더 큰 방식이라고 주장할 수는 있지만, 엄격한 진성당원제보다 더 민주적인 방식이라고는 할 수 없다. 정당의 주권자는 당원이기 때문이다.

이제 우리는 어떤 방식의 내부 민주주의가 우리 정당에 가장 적절한가라는 질문을 던져야 한다. 이 역시 교과서적인 해답이 있는 것은 아니지만, 이제까지 인식하지 못했던 새로운 관점은 제시할 필요가 있다. 이제까지 정당 내부 민주주의를 둘러싼 논쟁은 주로 조직된 정파, 또는 계파 간의 관계문제로만 접근하고 있었기 때문이다.

+ 더 읽어볼 책

로베르트 미헬스, 『정당사회학 : 근대 민주주의의 과두적 경향에 관한 연구』, 김학
이 옮김, 한길사, 2002.
그 유명한 과두제의 철칙이 담겨 있는 미헬스의 책. 막상 읽어보면 어려운 이론서
라기보다 진보정당과 혁명적 노동조합에 대한 신랄한 비평서에 가까워, 두껍지만
술술 읽힌다. 초기에 왕성한 에너지와 민주적 열정을 자랑하던 조직과 결기 넘치
던 청년지도자들이 시간이 지남에 따라 어떻게 변화하는지를 천천히 따라가다 보
면, 오늘날의 현실과 크게 다르지 않은 모습에 깜짝 놀라게 될 것이다. 우울해지는
것은 어쩔 수 없지만, 미헬스처럼 파쇼당에 입당하지는 말자.

5. 숨어 있는 'C'를 찾아라

3차원적 권력과 내부 민주주의

2000년 민주노동당의 출현은 한국 정당체제에 결코 작지 않은 파장을 던졌다. 단지 진보를 표방하는 정당이 출현했다는 사실 때문만은 아니다. 일반당원에게 결정권을 부여한 민주노동당의 내부 민주주의는 당시까지만 해도 계파 보스를 정점으로 한 위계적 질서에 머물러 있던 낡은 정당 운영방식에 일대 혁신을 가져온 사건이었다.

그러나 이처럼 가장 혁신적인 내부 민주주의 제도를 보유했다는 민주노동당은 내부의 갈등관리에 실패해 결국 2008년 분당으로 이어졌고, 2012년 통합진보당은 또 한 차례의 파국적 결말을 맞이해야 했다. 왜 이런 일이 벌어졌을까? 진보정당의 당원 직접 내부 민주주의는 갈등관리에 무용한, 보기 좋은 장식물이었을 뿐일까? 아니면 '과도한 민주주의'가 당의 발전을 가로막았던 것일까?

이 문제를 이해하기 위해서, 또 당내 민주주의의 새로운 혁신을 위해서는 정당 내에서 작동하는 권력관계에 대한 시야를 넓힐 필요가 있다. 몇 가지 권력이론을 살펴보자.

권력이란 무엇인가? 3차원적 권력

권력Power이란 무엇일까? 아마도 가장 멋있어 보이는 대답은 "A가 B의 반대에도 불구하고 자신의 의지를 관철시키는 것"이라는 설명일 것이다. 이것은 주로 막스 베버*의 권력 정의를 계승한 다원주의자들이 주장하는 개념이다.

이런 권력개념은 많은 것을 설명할 수 있다. 우리가 흔히 내부 민주주의를 말할 때 종종 언급하고 있는 패권주의라는 개념도 '다른 정파의 반대에도 불구하고 자신의 의도를 지속적으로 관철시키는 정파의 활동'으로 읽힌다. 이런 권력은 주로 '갈등 상황'에서 발견되며, 권력의 움직임이 '눈에 보인다.' 그동안 패권주의라는 개념을 중심으로 한 진보정당 내부갈등의 진단과

---

* 막스 베버(Max Weber, 1864~1920)는 독일 사회학자로, 칼 마르크스, 에밀 뒤르케임과 함께 3대 고전 사회학자로 꼽힌다. 특히 자본주의의 발전에는 마르크스가 강조한 물적 변화 외에도 종교가 큰 영향을 미쳤다는 『프로테스탄트 윤리와 자본주의 정신』을 펴내 경제결정론을 비판했다.

처방은 모두 이런 권력시각에 기초해 있다.

그런데, 이처럼 겉으로 드러나는 갈등에서만 권력이 작동할까? 그럴 리가. 권력은 서로 다른 의사가 표출된 두 집단이나 개인 간에서만 작동하는 것이 아니라 겉으로는 평화롭게 보이는 상황에서도 작동한다.

우선 권력을 가진 A는 어떤 의제를 자신에게 해롭지 않은 방식으로 세팅할 수 있다. 사람들에게 선택지를 부여하지만, 어떤 것을 선택하든 자신에게 불리하지 않은 것만 골라서 제시하는 것이다. 이를테면 고기를 좋아하는 사람, 회를 좋아하는 사람, 채식주의자가 공존하는 회사에서 고기를 좋아하는 부장이 "자, 오늘 회식의 메뉴는 여러분이 결정하도록 하세요. 돼지갈비나 소고기, 양고기나 곱창도 좋겠네요"라고 한다면?

권력이 작동하는 대상 B의 눈에는 이런 A의 의도가 빤히 읽힐 것이다. 그렇지만 B는 불만이 있어도 말할 수 없다면? 예를 들어 갓 들어온 채식주의자 신입사원은 '그래, 고깃집에도 샐러드는 나오니까' 하고 참는다면? 이런 경우, 겉으로는 아무런 갈등이 일어나지 않는 것처럼 보이지만, 실제로는 권력이 작동하고 있다. 즉, 이런 형태의 권력은 다원주의자들이 말한 것처럼 B가 A에게 공개적으로 반대하지 않았어도 A의 의지는 관철되고 권력은 A에서 B로 흐른다.

권력의 이런 속성을 포착했던 것은 바흐라흐와 바라츠라는 학자들이다. 이들은 권력이란 어떤 의사를 결정하는 상황만이 아니라 A가 자신에게 해롭지 않은 이슈로 정치과정의 범위를 제한하면서 어떤 이슈가 등장하지 않도록 만드는 '비결정(결정이 일어나지 않는) 상황'에서도 행사된다고 주장했다. 이때 A의 결정에 설령 B가 불만을 가지고 있더라도 겉으로는 아무런 갈등이 없는 것처럼 보이기도 한다. 그렇지만 A는 자신의 이해관계나 선호조차 제기하지 못하는 B에게 분명 권력을 행사한 것이다.*

스티븐 룩스라는 학자는 두 집단이나 개인 간에 일어나는 눈에 보이는 권력투쟁을 '1차원적 권력'관계라고 한다면, 이처럼 겉으로는 평화롭게 보이지만 실제로는 불만이 억눌려 있는 권력관계를 '2차원적 권력'이라고 불렀다. 만일 자신의 불만을 표출조차 하지 못했던 B가 용기를 내어 A의 결정에 문제를 제기한다면, 2차원적 권력관계는 1차원적 권력관계로 전환될 것이다.

룩스는 여기에 또 하나의 권력개념을 덧붙인다. 어떤 권력은 관찰할 수도 없고 불만이 드러나지도 않으며, 무엇보다 자

---

* Bachrach, Peter, and Morton S. Baratz. "Two Faces of Power", *The American Political Science Review*, Vol. 56, Issue 4 (1962), pp. 947-952; Bachrach, Peter, and Morton S. Baratz. "Dcisions and Nondecisions: An Analytical Framework", *The American Political Science Review*, Vol. 57, No. 3 (1963), pp. 632-642.

신이 불만을 가져야 한다는 사실 자체를 인식하지 못하는 상황에서도 작동한다는 것이다. 그는 이것을 '3차원적 권력'으로 불렀다.*

사실 바흐라흐와 바라츠 역시 개인이나 집단의 권력을 "의식적으로든 '무의식적으로든' 정책갈등이 공식적으로 부상되는 것을 막는 장애물을 만들거나 강화한 결과"라고 설명하고 있기 때문에 여기에는 룩스의 3차원적 권력개념도 포함된다고 할 수 있다. 그럼에도 룩스의 3차원적 권력개념은 자신이 의식하지 못한 순간에도 권력에 지배당하고 있을 가능성을 예리하게 포착했다는 점에서 매우 중요하다. 우리가 흔히 '자발적 복종'이나 '헤게모니', '이데올로기'(허위의식)와 같은 개념으로 불러 왔던 많은 현상들도 '3차원적 권력' 개념으로 설명할 수 있다. 이런 형태의 권력은 아마도 '최고 수준의 권력'일 것이다.

이 3차원적 권력개념은 여러 측면에서 공격받기도 했다. 우리가 어떤 대상에게 '자신의 이해관계와 다른 선택을 내리는 것은 권력에 종속되어 있기 때문'이라고 주장하기 위해서는 그 대상의 본질적 이해관계가 특정되어야 하기 때문이다. 그렇지만 우리가 어떤 집단의 본질적 이해관계라고 특정한 설명들은 대부분 증명이 어려워 논증의 영역이라기보다 이데올로기의 영

---

* 스티븐 룩스, 『3차원적 권력론』, 서규환 옮김, 나남, 1992.

역에 해당되는 경우가 많다. 사람의 행위는 특정한 경로가 정해져 있다기보다(즉, 이해관계가 고정되어 있다기보다) 매우 다양한 요소와 관계들의 복잡한 실타래 속에서 일어나기 때문이다.

이를테면 우리는 돈 많은 재벌 출신 의원에게 투표하는 노동자가 3차원적 권력관계에 종속되어 있다고 주장할 수 있다. 그의 본질적 이해관계에 따르자면 노동자의 권익을 지켜주는 후보에게 투표해야 하지만, 자본주의 사회 이데올로기의 포로가 되어 자기도 모르게 자신에게 경제적인 불이익을 줄 후보에게 투표했다는 식이다. 그러나 그의 투표행위는 다양한 요인에 의해 이루어졌을 수도 있다. 그 후보가 자신이 살고 있는 아주 작은 아파트의 가격을 몇 배나 불려 주는 공약을 제시했다면 자신의 경제적 이익과 대립되는 후보에게 투표했다고 규정할 이유는 없으며, 또 다른 이해관계로 얽혀 있었을 가능성도 있다. 그러나 3차원적 권력이론은 여러 요인 중 하나만을 강조하는 경향이 있으며, 이는 대체로 이데올로기적 지향에 따라 선택되곤 한다.

이런 한계에도 불구하고 우리가 2차원적, 3차원적 권력개념에 주목하는 것은 지금껏 1차원적 권력관계에 국한되어 있는 정당 내부 민주주의에 대한 시각을 넓혀 줄 수 있기 때문이다. 그동안의 정당 내부 민주주의에 관한 논의가 눈에 보이는 권력의 작동에만 주목했던 1차원적 분석에 머물렀다면, 2, 3차원적 권력으로 시야를 확장했을 때 드러나는 것은 누구일까?

권력의 작동 : 양자관계와 삼자관계

이 문제를 파악하기에 앞서, 세력 관계에 대한 논의를 좀 더 이어나가 보자. 그동안 정당 내부 민주주의를 분석하는 데 활용했던 가시적 권력관계의 주체인 '조직된 정파' 이외에 새로운 행위자를 하나 더 포함시키는 것이다. 좀 더 단순하게 표현하기 위해 'A와 B'를 1차원적 권력관계에서 활동하는 행위자로, 그동안 배제되었던 새로운 행위자를 'C'로 보자.

둘 사이의 관계에 새로운 행위자가 출현하면 기존의 관계가 어떻게 달라지는지는 오래 전부터 사회학과 정치학이 관심을 기울였던 주제였다. 짐멜Georg Simmel이라는 학자는 양자관계dyad는 서로가 서로에 의해서만 대면하게 된다는 점에서 한 사람의 소멸은 곧 전체의 붕괴를 가져오지만, 양자관계에 단 한 사람이 추가되는 삼자관계triad가 형성되면 매우 중요한 질적인 변화가 나타난다고 봤다.*

---

* Simmel, Georg. trans. by Wolff, Kurt H. *The Sociology of Georg Simmel*, New York, The Free Press (1950), pp. 87-177.

새로 등장한 제3자는 집단을 파괴할 수도 있는 둘 간의 감정을 부드럽게 함으로써 중개자의 역할을 수행하거나 양자 간의 불화 속에서 자신의 이익을 찾기 위해 행동할 수 있다. 또 하나의 가능성은 3자가 지배적 위치를 차지하거나 다른 목적을 달성하기 위해 '분할과 지배'의 방법을 통하여 의도적으로 다른 둘 사이의 갈등을 야기하는 것이다.

정당이론의 권위자인 샤츠슈나이더 역시 싸움의 중심에 적극적으로 가담하는 소수와 어쩔 수 없이 그 광경 속으로 끌려들어 가는 구경꾼을 구분하고, 이 구경꾼은 싸움의 성격을 바꿀 수 있다고 봤다.[*] 즉, A와 B 사이의 갈등에 C가 개입하면 갈등의 성격이 바뀌는데, C가 어느 한편을 들어 힘의 균형을 변화시키거나, 갈등을 중단시키거나, 또는 A와 B에게 자신의 해결책을 강요할 수 있다는 것이다.

우리가 앞에서 살펴본 칼 슈미트의 주장처럼 정치적인 것이 적과 동지를 구분하는 것에서 출발한다면, 더구나 그 행위자들 간의 최종적 화해는 불가능하다면, 정치는 두 진영 간의 끊임없는 정치투쟁으로만 설명될 것이다. 그러나 그 공간이 어떤 운명을 함께 해 나가야만 하는 정치집단 내부라면, 기존 행위자들 간의 적대적인 관계 성격을 바꾸는 또 하나의 권력 주체가 존

---

[*] 샤츠슈나이더, 『절반의 인민주권』, 현재호·박수형 옮김, 후마니타스, 2008.

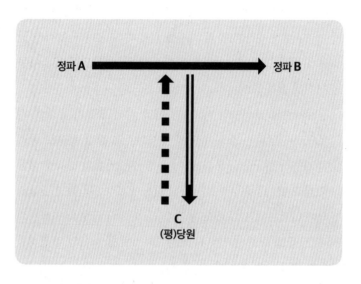

정파 A ━━━━━━━▶ 정파 B

C
(평)당원

진보정당 내부 민주주의에 대한 기존의 시각은
조직화된 정파와 정파 간의 가시적 관계에만 주목했다.
그러나 최종적 심판자로서의 C의 존재는 내부 민주주의 문제를 푸는 열쇠다.

재해야 한다. 즉, 갈등하는 당사자의 투쟁을 종결하기 위해서는 어느 편이라도 들 수 있고, 또 어느 편도 들지 않을 수 있는 가변성을 가진 '중간자'가 필요하다. 새로운 권력 행위자이면서도 기존의 권력과는 차별화된, 최종적 심판자로서의 'C'의 존재는 내부 민주주의의 난해한 문제를 풀 열쇠다.

그렇다면 우리는 어디에서 C를 찾을 수 있을까? 뛰어난 리더십을 가진 지도자나 엘리트들이 모인 중앙위원회? 화해의 기술을 보유한 테크노크라트? 물론 가능하다. 그러나 민주주의는 그것을 '데모스'에서 찾는다.

그동안 진보정당의 내부 민주주의는 정파A와 정파B 간의 1차원적 권력관계로만 이해되어 왔다. 패권주의나 정파갈등 등 기존 권력관계를 설명하는 개념들은 모두 눈에 보이는 권력의 작동만을 주목했던 것이다. 그러나 어느 정파에도 소속되어 있지 않은 일반당원(데모스)은 정파 간 갈등에 불만이 있더라도 제대로 이를 표출하지 못하거나(2차원적 권력) 개입의 필요성조차 인식하지 못했다(3차원적 권력).

물론 이런 평가에 대해서는 반론이 제기될 수 있다. 진보정당의 내부 민주주의야말로 보수정당은 흉내조차 낼 수 없는 진성당원제에 기반하고 있지 않은가? 당원이 당의 중대 문제에 대해 직접 투표하고 공직자나 당직자를 선출할 뿐만 아니라 소환도 하고, 직접 정책을 발의할 수도 있지 않았는가?

그런 제도와 절차가 존재했던 것은 사실이다. 그러나 정말 진보정당에서는 일반당원이 당의 운영 과정 전반을 통제하고 있었을까?

진보정당의 내부 민주주의 : 민주노동당의 사례

민주노동당을 비롯해 이후 등장한 진보정당은 모두 하나같이 당 강령에 '직접민주주의'를 강조하고 있다. 당헌과 당규에도 당원의 직접적인 정치참여를 보장한다고 적시되었고, 다양한 제도도 갖추어 놓았다. 문제는 이런 제도들이 제대로 작동한 바가 거의 없었다는 점이다. 오늘날 진보정당'들'의 내부 민주주의의 전형이 되었던 민주노동당(2000~2011년)의 사례를 살펴보자.

민주노동당은 당 강령 전문에서 "국민이 공직 대표자를 소환, 탄핵, 통제하고 발의권을 가지며 국가의 주요 정책을 결정하는 직접민주주의를 실현할 것"을 천명하면서 당헌 전문에 "이 사회에 진정한 민주주의를 정착시키기 위해 투쟁할 뿐만 아니라 당내에 민주주의를 엄격히 적용하고 실현시키기 위해 노력할 것"을 약속했다. 공직과 당직을 맡은 대표자나 간부에 대한 소환이나 발의제는 선출과정만이 아니라 통치과정의 민주성을 중시하는 대표적인 당원주도형 제도들이다.

민주노동당은 창당 초기부터 당원 소환제와 총투표제, 당원 발의제, 총회·분회 등 아래로부터의 직접 참여를 위한 다양한 제도를 갖추어 나갔다. 우선 '당원 소환제'는 2003년 3월 1일 3차 정기당대회에서 개정된 당헌 제6조 '당원의 권리와 의무' 중 1항 당원의 권리 5에 "당의 모든 선출직 및 공직선거당 선자에 대하여 당규에서 정하는 바에 따라 소환을 요청할 권리"를 명시하면서 도입됐다. 소환을 위한 세부 규정은 2003년 4월 1일 1차 중앙위원회에서 마련되었는데, 초기에는 '해당 당부 재적 당원 1/3 이상의 연서명'으로 소환을 발의토록 했다가, 2005년 7월 2일 3차 중앙위원회에서 국회의원을 포함해 전체 당원의 직선에 의해 선출된 소환대상자는 당원의 1/10 이상, 광역시도와 지역위원회 선출자, 각급 당 기관에 의해 선출된 소환 대상자는 1/5 이상의 연서명으로 소환을 발의할 수 있도록 개정했다.

공직·당직자만이 아니라 당의 주요정책과 진로에 대해 당원들이 직접 결정하는 '당원 총투표제' 역시 2003년에 도입되었다. 다만, 민주노동당의 당원 총투표제도는 일반당원이 발의할 수 없었고, 당대회에서만 회부할 수 있었다. 당원이 중앙위원회나 당대회 등 대의기관에 안건을 직접 발의할 수 있는 '당원 발의제'도 2003년 4월 1일 1차 중앙위원회에서 도입되었는데, 당대회에는 당원 300명의 연서명으로, 중앙위원회에는 당원 100명의 연서명으로 새로운 안건을 발의할 수 있었다. 다만, 발의된 안건의 심의와 결정 권한은 당원이 아니라 해당 회의체계에만 부여됐다.

당원 소환과 총투표, 발의제가 당내 대의체제(중앙위원회와 당대회)에 대한 당원의 통제 기제로서 반(半)직접제적 제도 설계를 보여주고 있다면, 직접민주주의에 부합하는 각 지역 당원 총회는 2001년 3월 20일 1차 중앙위원회에서 '당규 제12호 지역조직 규정'이 제정되면서 도입되었다. 당시 당규 제14조(총회)는 "총회는 지구당의 최고의결기관으로 지구당 전체 당원으로 구성한다"고 명시했으며, 1년에 한 번 의무적으로 소집해야 하고 운영위원회나 당원 1/3 이상의 요구가 있을 때 임시총회를 개최할 수 있도록 했다. 그러나 2005년 7월 2일에 개최된 3차 중앙위원회에서 당규 제12호를 개정하여 지구당을 지역위원회로 변경하면서 총회 조항을 폐지, 지역위원회의 최고의결기관을 대의원대회로 이관했다.

민주노동당은 총회를 제외하고 평당원이 지역위원회 등 정당 활동에 일상적으로 참여할 수 있는 방법으로 2001년 1월 8일 6차 중앙위원회에서 소규모 당원 모임인 '분회'를 설치했는데, 여기에는 지역분회와 직장분회, 지역분회에 소속되지 않은 당원으로 사회단체와 부문에 구성할 수 있는 특별분회가 존

당원 주도형 제도	실행 조건	근거 조항	연도	실행 사례
당원 소환제	전체 당원 1/3 이상 발의 (2003년) 전체 당원 선출 1/10, 광역시도·지역위 단위 선출자 1/5 (2005년)	당규 17호 제4조	2003년 제정 2005년 개정	없음
당원 총투표	당대회에서 발의	당헌 제13조	2003년 제정	없음
당원 발의제	당대회(300명 연서), 중앙위(100명 연서)	당규 5호 제12, 13조	2003년 제정	2005년 기관지위원장 사퇴권고 결의안 (3차 중앙위에서 부결)
총회	지구당 최고의결기관	당규 12호 제12, 14조	2001년 제정 2005년 폐지	2005년 폐지 후 대의원대회로 대체
분회	당 기초 조직	당규 9호	2001년 제정	지역위 약 50% 설치(2006년), 분당 후 대폭 축소

민주노동당은 당원주도형 제도들을 전면화하면서 한국 정당체제에 신선한 자극을 주었다. 그러나 막상 그 제도들이 가장 절실했을 때에는 단 한 번도 작동하지 못했다.

재했고, 2010년에는 의제별로 분회를 신설할 수 있도록 허용되었다.

이처럼 민주노동당의 내부 민주주의 제도들은 단순히 기성정당과 달리 당직·공직자를 당비를 내는 당원들이 직접 선출하는 것에 머물지 않았다. 민주노동당의 내부 민주주의는 일반당원이 당내 의사결정과정에 직접 개입하고 당 엘리트를 통제하고 소환할 수 있는 '당원주도형'으로 설계되었던 것이다. 여전히 정당 보스 중심의 전근대적 위계질서에 머물고 있었던 기성정당과 달리 당내 대의체제 구성 과정의 민주성을 보장한 것을 넘어, 아래로부터의 당원 통제라는 대의제의 결핍을 보완할 제도적 형식까지도 갖추고 있었다.

직접정치? 숨어 있는 'C'를 찾아라

그러나 여기에도 반전이 있다. 강령과 당헌, 당규에서 표명되고 실제 제도화 단계까지 나아간 이런 급진적이며 당원주도형인 내부 민주주의 제도들이 실제로 어떻게 작동했을까? 대답은 '전혀 작동하지 않았다'이다. 앞에서 열거한 '당원주도형 내부 민주주의 제도' 중 실제로 행사된 것은 2005년 1차 중앙위원회를 앞두고 일반당원 360명의 연서명으로 제출된 '기관지

위원장 사퇴 권고결의안'이 유일하다. 그러나 이 역시 일반당원에 의해 발의된 안건의 심의·의결 권한은 해당 대의기관에 부여하고 있기 때문에 2005년 7월 2일 3차 중앙위원회에서 찬성 145표, 반대 160표로 부결됐다. 결국 민주노동당의 당원주도형 제도들이 유의미한 효과를 발휘했던 사례는 단 하나도 없다.

민주노동당의 직접민주주의는 일반당원이 당직·공직자를 선출하는 과정에만 발휘되었을 뿐, 그들을 통제하거나 중재하지 못했을 뿐만 아니라 당의 명운이 걸린 중대사에 개입했던 적도 없다. 대의원대회와 중앙위원회가 있지 않았냐고? 사실 그 두 기관은 전체 당원의 의사를 있는 그대로 반영하는 공간이었다기보다 정파적 계선을 따라 조직된, A와 B 간의 쟁투적 공간에 가까웠다.

대의원이나 중앙위원의 명부를 쫙 펴들고 출석여부만 파악하면 당대회나 중앙위원회의 박진감 넘치는 토론 여부와 아무런 상관없이 결론을 추론할 수 있었다. 이런 기구에 선출되는 이들은 주로 조직화된 정파 멤버십을 갖추고 있었기 때문에, 토론에 따른 입장변화의 가능성이 별로 없었다. 한마디로 입장을 바꿀 '중간자'가 존재하지 않는 공론장이었다고 할 수 있다. 이런 조건에서는 공론장의 심의와 토론보다 '동원'이 더 중요해진다.

민주노동당은 당원이 당의 엘리트를 통제할 형식적 제도를 갖추고 있었지만 막상 그것이 꼭 필요한 순간에는 전혀 작동하지 않았다. 2008년 민주노동당의 분당 사건과 2012년 통합진보당의 분당 사건에서 당원주도형 제도들이 전혀 작동하지 않고 정파 간 갈등만이 파괴적 결말로 치닫게 된 이유는, 입장이 다른 양 진영을 중재하거나 최종적 판결을 내려줄 중간자가 존재하지 않았기 때문이다. 이 문제를 정확히 인식할 때만이 정당 내부 민주주의 문제를 풀기 위한 시발점을 찾을 수 있다.

만일 정당이 하나의 국가라고 상상해보면 어떨까? 국민이 대표자를 선출하는 과정에만 권리를 행사하고 국가 중대사에 개입한 바가 없다면, 그것을 직접민주주의라고 할 수 있을까? 이런 점에서 민주노동당의 내부는 여전히 독재시대에 머물러 있는 기성정당에 비해서는 '민주화'된 공간이었지만, 제도의 유무와 상관없이 정파를 '당내 당'으로 하는 자유주의적 대의제와 좀 더 유사한 공간이었다.

그래서 정파 간 관계 역시 자유주의적 대의제로 설계된 87년 체제의 정당 간 관계와 매우 유사한 패턴을 보였다. 선출과정의 민주성만이 보장되고 통치과정의 민주성은 부재한 현실, 당과 당, 정파와 정파 사이의 만성적 대치와 갈등, 당이나 정파를 통하지 않고서는 거의 불가능한 정치적 개입 통로, 당과 국가 운영의 엘리트주의화…… 만일 이것을 당원 직접민주주의라고 주장한다면, 현재 대한민국 87년체제 역시, 우리의 의회체제

역시, 충분히 직접민주주의적인 체제라고 부를 수밖에 도리가 없다.

 잘 설계된 제도를 도입하는 것은 매우 중요하지만, 더 중요한 것은 그 제도의 취지대로 정당을 운영하는 것이다. 진보정당이 대외적으로 '직접정치'의 가치를 외치고 이의 구현을 요구하려면, 먼저 자기 내부에서부터 그것이 무엇인지 보여줘야 한다. 그리고 그 방향은 그동안 숨어 있던 'C', 즉 그동안 진보정당의 역사에 답답함을 느꼈지만 개입할 수 없었던, 또는 스스로 개입해야 한다고 생각조차 하지 못했던 일반당원에게 권력을 부여하는 것이다. 그래서 3차원적 권력관계에 억눌려 왔던 그들의 목소리가 1차원적 권력으로 가시화될 수 있게 만드는 것이다.

 스스로도 실현할 수 없는 가치라면, 그것을 실현하라는 주장에 힘이 실릴 수 없다. 물론 그 방식에 대한 정답이 정해져 있는 것도 아니고 쉬운 것도 아니다. 그러나 그 출발은 기존의 시각을 바꿔보는 것이다. 새로운 시각을 가질 때, 안 보이던 것들이 보인다. 우리가 2, 3차원적 권력을 온전히 포착하지 못했던 것처럼.

6. 정치적 활력을 위한 민주적 상상력

정당 내부 민주주의 혁신을 위한 제안들

이제까지 민주주의의 근본 원리에서 시작해 자유주의적 대의제와 독재라는 두 가지 형태의 왜곡, 정당 내부 민주주의를 둘러싼 이론과 쟁점을 살펴봤다. 그렇다면 이제 남은 과제는 정당 내부 민주주의를 실현할 수 있는 좀 더 구체적인 방법들이다.

기발하고 참신하며 새로운 제도를 기대하는 이들은 실망할지 모르겠지만, 정당 내부 민주주의를 위한 하나의 정답은 존재하지 않는다. 그 집단이 가진 문화적 관습과 전통, 정당의 목표와 대중 전략 등에 따라 다양한 형식과 제도가 가능하다. 이 가운데 어떤 제도와 형식을 택할지는 철저히 그 집단 구성원의 판단에 달려 있다.

민주노동당 이후 적지 않은 진보정당 실험이 진행되고 있지만, 몇몇 예외적인 사례를 제외하면 내부 민주주의의 형식은 큰 차별성을 보이지 않는다. 여기서는 그동안 제안되었거나 실험했던 몇몇 내부 민주주의 방안을 간략하게 검토한다.

수평적 차원의 민주주의 : 정치세력 간 관계

우선 정당 내 대의체계를 구성하는 방식에 대한 아이디어부터 살펴보자. 이는 조직화된 정치세력 간의 관계 정립에 관한 수평적 차원의 정당 내부 민주주의 제도라고 할 수 있다. 국회의원을 뽑을 때 단순다수대표제를 통하지 않고 연동형 비례대표제를 도입하자는 주장처럼, 일반당원들의 요구를 잘 반영하는 대의구조를 만드는 데 목적이 있다.

이와 관련한 대표적인 제안은 정파등록제와 같이 당내 정파를 양성화하는 방안과 대의원 투표 방식의 변화를 통해 당원 의사의 비례성을 높이는 방법이다.

① 정파등록제와 정책명부 비례대표제

그동안 가장 많이 거론되어온 내부 민주주의 방안은 아마도 정파등록제와 정책명부 비례대표제(정책명부제)일 것이다. 정파등록제는 도입 취지와 기대효과 등에서 다양한 편차를 보이는 데, 크게 두 가지 방향에서 제안되어 왔다. 첫째는 이미 다른 정당에서 활동하던 세력들이 주로 선거에서 승리하기 위해 하나의 정당으로 결집할 때, 기존의 지분을 보장하기 위한 것이고, 둘째는 하나의 정당에서 이질적인 세력들의 비공식적 활동을 양성화하여 책임정치를 구현하려는 시도다.

우선 첫 번째 방식의 정파등록제를 살펴보자. 2012년 총선과 대선을 앞두고 '국민의명령'과 '진보대통합시민회의', '혁신과 통합' 등 일부 시민사회단체와 정치권에서는 야권통합을 위한 정파등록제를 제안한 바 있다. 정당법과 공직선거법의 제약을 우회해 하나의 가설정당을 만들고, 여기에 결합한 야권성향의 정당들에게 일정한 지분을 보장하기 위해 정파등록제를 도입하자는 것이었다.

이것은 브라질 노동자당과 유럽 일부 정당에서 시도된 유사 제도를 참고한 것인데, 정당정치가 매우 활성화되어 있고 선거연합이 자유롭게 이루어지는 조건에서 실시되는 정파등록제와 한국에서의 정파등록제는 그 의미가 사뭇 다르다. 남미 국가들은 나라마다 조금씩 차이는 있지만 대체로 정당을 만드는 데 제약이 크지 않고, 이중당적 금지 제도가 없기 때문에 자유로운 선거연합이 가능하다.

예를 들어 한때 대안적인 사회개혁 경로로 많이 소개되었던 베네수엘라의 경우, 만 명의 서명을 받으면 정당을 만들 수 있

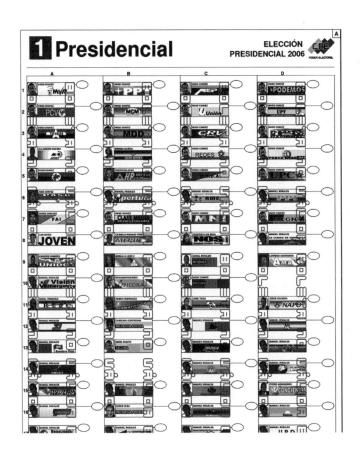

2006년 베네수엘라 대선 투표용지.
왼쪽에 있는 사진이 정당이 공천한 대선 후보의 사진이고
그 오른쪽에 있는 마크가 정당의 심볼이다. 오른쪽 둥근 동그라미 안에 투표한다.
2006년 대선에서는 총 87개의 정당이 참여했다.

고 단 한명을 뽑는 대통령 선거에서도 같은 후보를 복수의 정당이 공천할 수 있도록 하는 등 정당 활동이 매우 활성화되어 있다. 즉, A, B, C 정당이 모두 동일한 후보를 대선후보로 공천할 수 있는데, 유권자는 후보가 아니라 정당에 투표하고 후보는 자신을 공천한 정당의 득표를 모두 가져가는 방식이다. 이처럼 정당정치가 활성화되어 있는 곳에서는 전략적 필요에 따라 다른 정당과 얼마든지 선거연합을 시도할 수 있기 때문에 정파등록제에 대한 동기가 크지 않다. 게다가 단일 정당으로 통합하더라도, 기존의 정당이 하나의 정파로 존재하면 되기 때문에 정파등록제를 위한 조건을 쉽게 충족할 수 있다.

그러나 우리나라의 경우, 정당을 만들기 위해서는 총 5개 이상의 시·도당을 만들어야 하고 각 시·도당은 천 명 이상의 당원을 확보해야 한다. 정당을 만들기도 쉽지 않지만, 설령 만든다 해도 전국적인 인지도가 있는 정치인 하나 없다면 제대로 된 활동 한번 없이, 소리 소문 없이 사라지는 것이 흔한 일이다. 2017년 12월 현재 원내에 의원이 있는 정당은 총 6개지만 선거관리위원회에 등록된 정당은 무려 35개라는 것이 믿어지는가?

게다가 우리 정당법은 이중당적을 금지하고 있기 때문에 선거에서 지역구 후보를 특정 정당의 후보로 단일화하는 소극적 수준의 연대는 가능하지만, 정당투표와 공동 기호 등 적극적인 선거연합은 불가능하다. 그래서 하나의 가설정당을 만들어, 여기에 참여한 정당의 지분을 보장하기 위한 대안으로 정파등록제가 거론되는 것이다. 그러나 일단 합류한 정당은 법적인 정당의 지위를 잃고 하나의 그룹으로 존재하기 때문에, 만일 가설정당에서 이탈한다면 새로 정당을 만드는 불편함을 감수해야 한다. 이는 결국 신뢰문제인데, 아직까지 가설정당 실험이 시도되지 않은 것을 보면 정당 간 신뢰가 그리 높지는 않은 모양이다.

둘째는 하나의 정당 내에 공존하고 있는 세력들의 활동을 공식화하고, 이들에게 책임정치를 요구하기 위한 제안으로, 2008년 민주노동당에서 처음 공식 제안됐다. 당시 왜 정파등록제가 제안되었는지를 이해하기 위해서는 민주노동당의 창당과 내부 갈등, 분당으로 이어지는 국면에 대한 이해가 필요하다.

민주노동당은 1987년 민주화 이후 활발하게 전개된 민중적 성격의 급진 운동 세력들이 '분열의 90년대'를 거치며 각자도생하다가 2000년 민주노동당 창당을 계기로 재집결한 운동세력 간 연합전선이었다고 할 수 있다. 당시 민주노동당에 합류한 세력들은 저마다 이유와 동기는 달랐지만 '진보정치세력의 정치세력화', 즉 기성정당을 대체할 새로운 진보정당의 세력화라는 목표에는 최소한의 동의가 이루어져 있었다. 이 목표는 2004년 17대 총선에서 10명의 의원을 당선시키면서 1차적 관문을 넘어선다.

□ 정파등록제를 도입하다

[1단계]

— 정파등록제를 도입함. 정파는 핵심 구성원과 입장 등을 중앙 당에 등록함으로써 공식적으로 당내 '정파'의 권리와 의무의 행사 주체가 됨.

— 정파 행사는 가급적 전면 개방되어야 하며, 선거출마자 명단 공개, 당 외부 활동 및 발언 규제 등의 의무를 지켜야 함.

— 당은 등록된 공식 정파들에게 당 공간 사용, 당 매체 일부 사용 허용 등 인센티브를 제공함.

— 구체적인 등록 정파에 대한 지원방안은 당규로 정한다.

[2단계]

— 보다 높은 수준의 인센티브 제공과 미등록 정파에 대한 패널 티 등 2단계 조치는 1단계 조치 시행 후 객관적 평가와 공론화 를 통해 결정함.

2008년 2월 3일 개최된 민주노동당 임시당대회에서 제안된 정파등록제 시행방안.
그러나 이날 회의를 끝으로 민주노동당은 본격적인 분당 국면으로 접어들었다.

문제는 그 다음부터 일어났다. 원내진출에 성공하자, 수면 아래 잠재되어 있던 내부갈등이 본격 등장했다. '운동'이 '정당'이 되었던 민주노동당은 1980년대부터 심화되었던 운동세력 간의 갈등구조를 정당 내에서 그대로 재현했다. 당내 선거가 있을 때마다 갈등은 증폭되었고 2007년 대선을 치르면서는 분당론이 공공연하게 등장했다.

간간이 논의되어 오던 정파등록제는 분당을 앞둔 2008년 2월 3일 이른바 '심상정 비대위'에서 임시당대회 안건으로 제출하면서 현실적인 안으로 등장했다. 이때 제안된 정파등록제는 당내 정파가 핵심 구성원과 입장을 중앙당에 등록하고 정파 행사와 선거 출마자 명단을 공개하며 당은 등록된 공식 정파에게 당 공간과 매체 사용 등 인센티브를 제공한다는 구상이었다. 또한, 이 제도가 자리를 잡으면 등록된 정파에게 더 높은 수준의 인센티브를 제공하고 미등록 정파에게 패널티 조치를 취할 것을 제안했다.

정파등록제는 임시당대회 직후 민주노동당의 분당이 본격화되면서 시도조차 되지 못했지만, 2012년 통합진보당이 비례경선부정 의혹을 둘러싸고 극심한 내홍에 빠져 있던 상황에서 오늘날 정의당의 모태가 된 신당권파가 주도한 '새로나기 특별위원회'에서 다시 제안되었다. 그러나 2008년 정파등록제를 주장했던 이들이 만든 진보신당이나 정의당에서도 이 제도는 빛을 보지 못했다.

정파등록제를 어떻게 봐야 할까? 국가보안법 등의 문제로 인해 구성원 명부를 드러낼 수 없다는 주장은 일단 접어두고, 제도의 효과에 대해서만 논의해보자. 비공식적으로 활동하는 정파를 공개·양성화하여 당원에게 더 많은 정보를 제공하면서 당 간부들의 책임정치를 유도하겠다는 주장은 일면 타당하다. 그러나 이는 사실상 정파들이 정당 안에서 '당내 당'으로 존재해온 현실을 공식화하는 것에 지나지 않는다. 즉, 정파등록제는 정당 안에서 또 하나의 대의체제를 견고하게 설계해 놓는 것과 같다.

앞에서 살펴본 것처럼 '당원주도형 민주주의' 시각에서 본다면, 이는 철저히 1차원적 권력관계만을 주목한 대안이라고 할 수 있다. 특히 등록된 정파에게 인센티브를 주게 되면 평당원의 참여나 개입보다 기존 정파의 기득권이 더욱 공고화될 가능성이 높다. 오늘날 일반 국민이 정치를 하길 원할 때 기존 정당에 참여하는 것이 가장 효율적인 것처럼, 당 활동에 대한 의지를 가진 평당원은 기성 정파조직을 통해서만 당 활동이 가능하게 될 것이다. 이는 결국 기존 정파'들'의 기득권 강화로 이어진다. 정파등록제는 1차원적 권력관계의 변화는 기대할 수 있을지 모르지만 2차원적, 3차원적 권력관계는 주목하지 않은 해법이다.

정파등록제가 기존 정파의 기득권을 보장한다는 비판이 일자, 정파등록제의 문제점을 보완한 '정책명부 비례대표제'가 제안되기도 했다. 이 안은 선거에 참여하고자 하는 당원들이 임기 동안 수행할 주요 정치활동 방향을 적시한 문서를 제출하고 이에 동의하는 사람들을 모집하여 명부를 만든 후, 권역별로 해당 명부에 대한 득표율에 따라서 명부별 대의원 의석수를 배정하자는 것이다.

이 제안은 실체 모호한 조직을 명부로 하는 것보다 '정책'을 매개하고 있고, 연동형 비례대표제처럼 정책 명부에 대한 당원 의사의 비례성을 보장할 수 있다는 점에서 진일보한 정책이다. 게다가 정파에 소속되지 않은 당원이라도 명부에 이름을 올릴 수 있기 때문에 상대적으로 덜 폐쇄적이다. 그러나 정책명부는 누가 작성할까? 또 그 명부에는 누가 이름을 올릴 수 있을까? 현실적으로 정책명부를 작성하거나 이에 참여할 사람들은 기존 정파 멤버십을 갖춘 당원일 수밖에 없다는 점에서 점차 정파등록제와 동일한 효과를 낳게 될 가능성이 크다.

아마도 정파등록제나 정책명부제는 당원 직접민주주의를 표방하는 하나의 정당 내에서보다 독립적으로 운영되는 정당 간 연합을 위한 전술적 도구로서 더 가치가 있을 것이다. 즉, 앞에서 살펴본 것처럼 선거법상 이중당적이 허용되지 않는 조건에서 각자의 자율성을 최대한 보장하되, 최소한의 공동목표로 결집해 현재의 선거법 문제를 우회하면서 정치적 실리를 분할하는 것이다.

그러나 앞에서 살펴보았듯이 상당한 상호 신뢰가 전제되어야 가능하다는 점에서 현재로서는 시도하기 쉽지 않다. 물론 이 구상이 현실화하더라도 가설정당에 포함된 각 정당(정파 그룹) 내부의 민주주의를 구현하는 것은 여전한 과제로 남는다.

② 단일이전가능투표제

한신대 강남훈 교수는 2011년 진보정당 내부 민주주의를 위한 방안으로 호주 상원의원 선거와 외국의 선진적인 주주총회에서 도입되고 있는 누적투표제도의 일종인 '단일이전가능투표제'를 제안했다.[*]

아일랜드, 인도, 뉴질랜드 지방정부, 아이슬란드 개헌의회, 호주 상원의원 선거, 선진적인 주주총회 등에서 도입하고 있는 단일이전가능투표 제도single transferable vote, STV는 투표 시 유권자가 우선순위가 표시된 투표용지에 후보자들을 순서대로 선택해서 기입한 후, 미리 정해진 규칙에 따라 당선 기준치quota를

---

[*] 강남훈, 「통합진보정당의 패권주의 방지를 위한 투표방법들에 대한 몬테카를로 비교 분석 : 단일이전가능투표 제도를 제안함」, 새세상연구소, 『진보정당 내부 민주주의, 새로운 대안은 없는가?』 토론회 자료집, 2011.

Rank ballot by oval marks

Instructions: Fill in the first column oval by your first choice, second column oval by your second choice, etc.

	1	2	3	
	O	O	O	Joe Smith
	●	O	O	Henry Ford
	O	O	●	Jane Doe
	O	O	O	Fred Rubble
	O	●	O	Mary Hill

단일이전가능투표제에서 사용하는 투표용지의 예. 명부에서 한 명을 선택하는 것이 아니라 순위까지 같이 기입하고 계산은 컴퓨터로 한다. (출처: 위키백과)

계산해 남거나 버려지는 투표를 다른 후보자에게 이전해 투표의 비례성을 높이는 방식이다. 강남훈 교수의 시뮬레이션에 따르면 이 방법은 그동안 패권주의 근절방안으로 도입된 1인1표제에 비해 소수파 대표를 선출할 가능성이 높으며, 당원들이 여러 정파의 후보를 선택할 수 있다는 장점이 있었다.

이 방법은 한 명의 당대표나 소수의 최고위원을 선출하는 데에도 적용할 수 있는데, 이 경우 단 한 번의 투표로 결선투표제

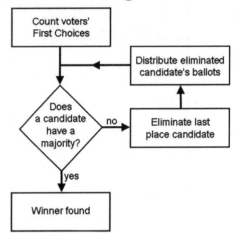

IRV counting flowchart

Count voters' First Choices

Distribute eliminated candidate's ballots

Does a candidate have a majority?

no

Eliminate last place candidate

yes

Winner found

단일이전가능투표방식을 통해 당대표 1인을 선출하는 개표 알고리즘. 이 방식을 이용하면 한번 투표로 결선투표의 효과를 기대할 수 있다. 비교적 복잡한 방식의 선출 계산은 컴퓨터 프로그램으로 해결한다.

의 효과를 볼 수 있다. 그리고 다수 득표를 위해 특정 정파는 타 정파와 연합해야 할 동기가 강해지기 때문에 정파 연합을 유도하는 효과도 있다.

물론 이 방식은 정당 내부 민주주의를 전반적으로 혁신하기 위한 안이라기보다 당내 소수파도 비례적으로 대의원이나 중앙위원 자리를 할당받을 수 있도록 보장하는 데 강조점이 있다.

조금 복잡하기는 하지만 가장 비례성을 보장하는 선출방식이라는 점에서 수평적 차원의 당내 민주주의를 위한 제도로는 진지하게 고려해볼 만하다. 다만, 집계방식의 복잡성은 컴퓨터 프로그램으로 해결할 수 있더라도 바로 이 계산논리의 복잡성 때문에 프로그램에 대한 신뢰를 확보하기 어렵다는 문제도 제기된다.

수직적 차원의 민주화 : 일반당원의 권력화

앞에서 살펴본 내부 민주주의 방안은 일반당원이 당운영에 개입할 수 있는 방법이라기보다 당내 대의체제를 보다 비례적으로 구현하기 위한 대안들이다. 그렇지만 정당 내부 민주주의의 궁극적인 지향이 '당원의 자기 결정권'을 보장하는 것이라면, 당원주도형 제도들이 더욱 정교하게 설계되어야 한다.

일반당원의 권리에 기초한 수직적 차원의 민주적 대안들은 진보를 표방한 정당들이 이미 도입하고 있는 당원 소환과 당원 발의, 당원 총투표제와 함께 당의 기층단위인 분회의 활성화, 지역·지구 총회 등 다양한 방법이 있다. 반복해서 지적하지만 이런 제도들이 존재한다고 해서 그것이 실제 활용되는 것은 아니다.

여기서는 기존에 진보정당에서 도입하지 않았거나 일부에서만 시행하고 있는 당원주도형 제도를 두 가지만 살펴보자. 하나는 당원발의 총투표제이고 다른 하나는 추첨대의원제다.

③ 당원발의 총투표제

당원발의 총투표제는 일반당원이 당내 주요 사항을 직접 결정할 수 있는 제도다. 진보정당이라면 이미 다 도입하고 있는 제도 아니냐고? 물론 대부분의 진보정당에는 당원 총투표제도가 존재한다. 그러나 놀랍게도, 당원들이 직접 총투표를 제안할 수 있게 허용한 정당은 단 하나밖에 없다. 녹색당이다.

만일 진보정당 당원이라면, 당원주도형 내부 민주주의 제도를 마련했다면서 당원들이 투표조차 발의할 수 없다는 사실에 충격 받았을지도 모른다. 물론 총투표제도는 있지만 녹색당을 제외한 진보정당은 이를 당원이 아니라 당원들의 대의체인 당대회에서 제안할 수 있게 했다.

물론 당원들이 당의 중요 사안에 대해 직접 총투표를 발의할 수 있게 하려는 시도가 없었던 것은 아니다. 민주노동당 시절에도 2008년 서울시당 대의원대회와 2009년 중앙위원회에서 당원발의 총투표제가 논의되었다. 그러나 2008년에는 수정동의안의 처리 방식을 둘러싼 논란으로 안건 철회되었고, 2009년에는 총투표제와 대의원대회의 권한 문제를 둘러싼 논쟁 속에 안건 반려되었다. 두 번의 논란 모두 당원이 총투표를 발의할 수 있어야 한다는 주장에는 이견이 없었으나 지엽적인 문제로 안건 철회, 또는 반려된 후 아직도 도입하지 않은 것이다. 결국 이것은 지엽적인 절차나 소소한 권한 배분의 문제였다기보다 내부 민주주의에 대한 관점과 의지의 문제였다고 할 수밖에 없다.

대부분의 진보정당의 당규처럼 당대회에서만 당원 총투표를 발의할 수 있게 한다는 것의 의미가 무엇일까? 정파 영향력에서 자유롭지 않은 대의원 구성을 고려한다면, 소수파가 다수 대의원의 의견에 반해 당원 총투표를 제안하는 데 성공할 수 있을까? 다수파는 당대회에서 관철시킬 수 있는 의제를 굳이 총투표에 붙일 필요가 있을까? 결국 당대회에서 당원 총투표를 발의하도록 한 조치로는 이 제도의 효과를 기대하기 어렵다. 2008년 민주노동당의 분당과 2012년 통합진보당의 분당 국면과 같은 당의 위기상황에서 당원 총투표가 상정조차 되지 않은 이유를 곱씹어볼 일이다.

만일 현 시점에서 우리가 당원이 직접 제안할 수 있는 총투표제를 진지하게 다시 고민한다면, 단순한 투표를 넘어서는 몇 가지 대안을 덧붙여볼 수 있다. 사실 총투표라는 것은 해당 시점의 즉각적인 선호를 일순간에 모아 내는 것이기 때문에 의제에 대한 깊이 있는 심의와 토론을 보장하기 어렵다는 지적이 꾸준히 제기되어 왔다.

최근 주목받고 있는 유럽 신생 정당의 운영 방식은 단순히 주어진 의제를 결정하는 수준을 넘어 당원과 지지자들이 스스로 다양한 의제를 직접 제안하고, 의제에 대한 투표와 토론을 동시에 진행하는 수준까지 발전하고 있다. 참여를 촉발하는 기발한 기술이 있는 것은 아니다. 단 한 번의 투표로 종결되는 것이 아니라 주로 온라인에서 진행되는 토론 과정 동안 입장을 바꿀 기회가 충분히 주어진다. 즉, 우리가 오프라인에서 대화할 때처럼, 토론을 통해 '설득할 수 있는 기회'와 '설득당할 수 있는 기회'가 존재하기 때문에 결정이 달라질 수 있는 가능성을 보장하는 것이다. 물론 이것을 꼭 온라인에 국한시켜 생각할 필요는 없다. 온-오프라인의 다양한 심의와 토론을 활성화하는 것이 핵심이다. 만일 이런 식으로 '토론을 유도하는 투표'가 활성화된다면 당과 당원 간의 정보가 공유되어야 한다는 압력이 높아져 당내 문화와 운영의 혁신도 기대해볼 수 있다.

이런 방식의 내부 토론과 투표가 가능하게 된 것은 물론 IT 기술의 발전 덕분이다. 그러나 단지 기술발전이 이런 참여를 이끌어냈다고 볼 수는 없다. 막대한 비용으로 정교한 온라인 툴을 개발한 정당도 많지만, 당원과 지지자들이 이 툴을 활용하게 되는 것은 다른 이유 때문이다. 어떤 도구가 잘 활용되는 것은 단지 그 도구가 존재하기 때문이 아니라 그것이 필요했던 동기와 사용할 의지가 존재하기 때문이다.

④ 추첨대의원제

마지막으로 검토해볼 것은 당원의 직접 참여와 대의제의 중간쯤에 있는, 직접 참여이기도 하지만 대의제이기도 한 것이다. 바로 녹색당이 전면 도입하고 있는 추첨대의원제다.

물론 녹색당 이전에도 추첨대의원제가 있었다. 2009년 민주노동당에서 분당한 진보신당은 대의원 정원의 10%를 추첨으로 선발한 바 있지만, 추첨된 당원들이 참여를 거부하거나 수락하더라도 대의원대회에 참석하지 않는 현상이 나타나면서 시행되지 않았다. 반면, 2013년부터 추첨대의원제를 도입하고 있는 녹색당은 소수자 할당 10%를 제외하고 전체 대의원을 추첨으로 선발하고 있으며, 참석률 또한 안정적으로 유지되고 있다. 이 차이가 어디에서 나타나는지, 이제부터 살펴보자.

추첨민주주의의 기본 원리는 이렇다.* 모두가 모여서 공적 문제를 직접 토론하고 결정하는 것이 민주주의이지만, 규모의 확대와 여유 시간의 부족 등 여러 이유로 인해 현실에서는 불가

---

* 추첨민주주의의 기본 구상과 이론에 대해서는 이 책을 참조하라. 마이클 필립스, 어니스트 칼렌바크, 『추첨민주주의』, 손우정·이지문 옮김, 이매진, 2011.

녹색당에서 2013년 처음 시행한 추첨대의원대회의 모습.
무작위로 선발된 전국 대의원들의 참석률은
선거로 선발된 기존의 대의원대회 참석률에 비해 높았다.

능한 모델이다. 총투표로 공적 문제를 결정할 수 있지만, 단순히 전부가 투표만 하는 것은 의제에 대한 깊이 있는 토론과 이로 인한 입장 변화의 가능성을 보장하지 못한다. 그래서 숙의가 가능한 수준으로 소규모 대의원을 선거했지만, 선거는 대의체계가 정파 계선에 따라 만들어지도록 유도하는 경향이 있고 대의원의 대표성에 심각한 결함을 노출했다. 게다가 선거에 나갈 형편이 안 되는 일반당원은 점차 당의 운영에 관심과 흥미를 잃고 당비납부 기계로 전락하고 있다.

대안은 뭘까? 어떻게 전체 당원에 대한 대표성이 있는 소수가 당의 문제를 깊이 있게 토론하고 결정하게 만들 수 있을까? 관건은 전체 당원을 토론 가능한 수준으로 축소할 수 있는 방법이다. 다행히도 우리는 그 방법을 이미 알고 있다.

우리가 5천만 명이나 되는 국민들의 의사를 알아보기 위해서 모든 국민에게 일일이 의견을 물어보지 않는다. 대신 우리는 지역과 성, 연령 등 일정한 기준으로 할당한 그룹에서 일정한 수의 표본을 무작위로 추출한다. 이때 선발되는 표본은 편차에 따른 오차가 있지만, 투표를 통해 선택된 샘플이 가지는 오차와는 비교할 바 아니다. 표본의 신뢰를 높이는 방법은 얼마나 잘 섞었는지, 그리고 어떤 편견도 없이 무작위로 잘 '추첨'했는지에 달려 있다.

그렇게 해서 일정한 표본을 추출할 수 있다면, 우리는 그 표본이 충분한 토론과 심의를 통해 내린 결론을 모집단의 다른 샘플이 동일한 과정으로 선발되어 동일한 과정으로 토론했다면 내렸을 결론으로 인정할 수 있다. 즉, 추첨으로 선발한 대의원대회는 어떤 정파나 계층이 아니라 전체 당원 그 자체를 가장 비례적으로 대표한다.

추첨을 통한 대의원 구성 방식은 선거방식과 원리 자체가 다르며, 직접민주주의와 간접민주주의를 구분하는 개념과도 다르다. 추첨으로 선발된 대의원은 누구나 선정될 확률이 동일하고 전체 당원(모집단)의 입장을 가장 근접하게 반영한다는 점에서 직접성을 띠지만, 결과적으로 전체를 대의한다는 점에서는 간접적이다. 또한 추첨대의원제는 일종의 양원제로 설계되어 있기 때문에 당원 전체의 의사를 상징하는 대의원대회와 당내 리더십을 상징하는 중앙위원회(전국위원회) 간의 조화와 균형을 추구할 수 있다.

추첨제의 장점은 다양하다. 우선 여성과 소수자(파), 세대, 직업 등 다양한 모집단의 대표성을 어떻게 확보할 것이냐의 문제를 한꺼번에 해결할 수 있다. 전체 당원 중 해당 부문이 존재하는 바로 그 비율대로 대의원이 선출될 것이기 때문이다. 필요에 따라 더 세심한 배려가 필요한 부문은 특별한 할당비율을 배정할 수 있다. 녹색당은 소수자에게 10%를 할당하고 있다.

또한, 추첨으로 선발된 대의원의 다수는 정파 간 갈등을 중재할 '언제든 입장을 바꿀 수 있는 중간자'로 작동할 수 있다. 아무리 정파 관계가 공고하더라도, 대중정당 중 특정 정파나 계파의 비중이 전체 당원의 절반을 넘어서는 경우는 거의 없다. 특히 정파들이 연합하여 만든 정당이더라도 시간이 지날수록 정파 관계에서 비교적 자유로운 당원의 비율은 늘어난다. 이들은 특정 정파와 인간적 친밀감과 유대감을 느낄 수는 있어도 맹목적인 지지를 보낼 이유는 없다.

추첨으로, 무작위로 선발되는 대의원은 A와 B의 권력관계에 개입하는 C가 될 것이다. 그러나 이때 C는 소극적인 관찰자가 아니라 당의 중요 문제에 대한 자신의 입장을 제시하고 A와 B가 제시한 선택지 사이에서 입장을 바꿀 수 있으며, 권모술수보다 설득의 힘을 유도하는 청중이 될 것이다. 그래서 선거로 선발되는 대의원대회에서는 사라져버린 토론과 공론, 논쟁과 비판의 힘을 되살리는 기폭제가 될 것이다.

민주주의는 도달할 수 없는 유토피아

지금까지 우리는 민주주의의 기본 개념과 몇 가지 형태의 변형, 그리고 정당과 정당 내부의 민주주의에 대해 살펴봤다. 이처럼 근본적인 민주주의 개념과 제안들에 대한 가장 회의적인 반응은 "이런 제도가 있다고 해서 일반당원들이 얼마나 참여할 것인가?"라는 반론일 것이다. 맞는 말이다. 아무리 제도가 훌륭하다고 해도, 그것을 활용하는 사람이 존재하지 않는다면 무용지물이다.

'참여'에는 최소한 세 가지 조건이 존재한다. 우선 제안된 의제를 '중요한 것'으로 인식해야 한다. 형식적인 의제를 설정하고 참여를 호소한다면 목표를 이루기 어렵다. 둘째, 참여를 수월케 하는 수단이 존재해야 한다. 여기에는 홍보의 시점과 장소에 대한 접근성도 포함된다. 온라인 툴도 참여대상자에게 익숙한 것일 때 효과가 있다. 최근 주목받은 유럽 정당의 온라인 툴은 그것이 단순하기 때문에 효과적이었다.

마지막으로 가장 중요한 요소는 '나의 참여를 통해 결과가 달라질 수 있다는 가능성', 즉 효능감이다. 이미 결론이 정해져 있는 것으로 보이거나 자신의 참여에도 결과가 바뀌지 않는다고 느끼거나 사전에 명확하게 입장이 분리되어 토론과 설득이 의미 없다면, 참여의지는 자라나지 않을 것이다.

물론 다양한 조건이 성숙했더라도 평범한 구성원들이 공적 문제에 적극 참여해 자신에게 영향을 미치는 중요 사안을 결정하는 민주주의는 쉽게 달성할 수 있는 목표가 아니다. 그렇다면 민주주의는 결국 도달할 수 없는 유토피아일 뿐인가?

과두제의 철칙을 설파했던 미헬스는 그의 급진적 민주주의

관을 기초로 정당과 노동조합의 비민주성을 강렬하게 지적한 후, 하나의 우화를 들려준다. 죽어가는 아버지가 세 아들에게 집 앞의 밭에다 보물을 숨겨놨다고 거짓말을 하는 우화다. 아들은 저마다 보물상자를 찾기 위해 밭을 갈지만 결코 보물을 찾을 수는 없다. 그러나 황금을 찾기 위한 이들의 노력은 밭을 비옥하게 만든다.

민주주의도 이와 같다. 우리가 설령 '인민의 자기 지배'라는 민주주의의 근본 의미에 완전히 도달하지 못하더라도, 그 길을 향한 지속적인 노력은 현실 민주주의를 풍부하게 만들어줄 것이다. 이것이 민주주의가 완성형일 필요도, 현실주의의 경계 내에 머무를 필요도 없는 이유다.

＋더 읽어볼 책

마이클 필립스·어니스트 칼렌바크, 『추첨민주주의』, 손우정·이지문 옮김, 이매진, 2011.
민주주의를 발전시키기 위해서는 발랄한 정치적 상상력이 필요하다고 믿는 이들은 꼭 읽어볼만한 책이다. 1985년에 일반 대중을 상대로 쓴 글이라 어렵지 않고 술술 읽힌다. 무엇보다 싸고 얇다는 강점이 있다. 추첨민주주의 전도사로 활약하고 있는 이지문 박사와 필자의 해설과 보론이 함께 실려 있다.

[보론] 진보정치의 위기와 새로운 도전의 가능성*

이제까지 우리는 민주주의의 이념과 변용, 정당 내 권력관계와 민주주의의 제도화 가능성에 대해 살펴봤다. 어쩌면 일부 독자들은 이런 설명을 두고 현실 진보정치가 위기에 처한 원인을 제도와 절차에서만 찾고 있다고 비판할지도 모른다. 제도보다는 리더십이 문제이며, 좋은 리더십만 있다면 제도 같은 것은 부차적인 문제일 뿐이라고 생각하는 이들도 있을 것이다.

뻔한 이야기일지는 몰라도 어떤 문제의 원인이 리더십과 절차 중 어느 하나에만 있다고 주장하는 것은 현명한 일이 못 된다. 리더십에 따라 정치행동의 결과가 달라진다는 것은 당연한 이야기지만, 나쁜 리더십은 대개 제도의 허점을 타고 움직인다. 제도적 개선책 없이 '좋은 리더십'만을 대안으로 부르짖는 것만큼 허무한 일도 없으며, 좋은 제도만 도입하면 모든 문

---

* 이 보론은 다음 글에서 주요 내용을 끌어 왔다. 손우정, 「87년체제와 진보정치의 전환적 위기」, 『진보평론』 2017년 여름호.

제가 해결될 것이라고 믿는 것처럼 순진한 생각도 없다. 하나의 문제를 온전히 해결하기 위해서는 둘 다, 아니 매우 다양한 측면에서 많은 대책들이 필요하다.

그런 면에서 오늘날 위기에 처한 진보정치의 원인을 제도와 절차의 문제와는 조금 다른 시각에서 짚어볼 필요가 있겠다. 보론에서 주목하는 것은 민주노동당과 통합진보당의 실패다. 물론 진보정치를 추구하는 조직은 다양하며 민주노동당이나 통합진보당과 전혀 상관없이 새로운 대안정치를 추구하는 흐름도 존재한다. 그러나 이 두 정당의 성공과 실패의 영향은 새로운 정치를 둘러싼 지형 자체에 매우 큰 영향을 미쳤기 때문에, 두 정당의 경험을 짚어 보는 것은 진보정치, 대안정치의 새로운 가능성을 찾기 위해 필수적으로 거쳐야 할 과정이다.

민주노동당 출현의 역사적 맥락

진보정치에 발 한 번 담가봤다는 사람치고 민주노동당과 관련이 전혀 없는 사람은 드물 것이다. 그러나 이제 민주노동당의 경험도 새로운 세대에게는 조금은 먼 시점의 이야기가 되어 버렸다.

민주노동당이 어떤 정당이었는지를 이해하기 위해서는

1987년 이후 상황을 조금 이해해야 한다. 6월항쟁과 개헌, 대선을 거치며 형성된 소위 '87년체제'는 사회운동세력의 관계도 재편했다. 특히 급진적인 지향을 내포하고 있던 '진보세력'은 87년체제 초기부터 체제를 거부하는 저항적인 성격을 지니고 있었다. 당시 운동의 주류였던 NL적 경향은 최소한의 적과 최대한의 연대를 추구했고, PD적 경향은 계급적 적대를 우선시했다.* 이런 시각 차이는 전략적·전술적 통일전선의 구성 세력 문제, 이중전선 문제, 민족자본가 문제, 합법정당에 대한 시각 차이, 제도야당과의 동맹문제에 대한 입장 차이로 이어졌다.

단순하게 정리하자면, NL적 경향의 다수파는 선거에서는 야당과 손을 잡아 승리 가능성을 높이고 이에 대해 보수세력이 반발하면 전민항쟁으로 맞선다는 전략을 수립하고 있었던 반면, PD적 경향의 일부 노선은 제도야당을 비판하면서 직접 당을 만드는 진보정당, 독자세력화 실험에 일찌감치 나섰다.

전략적 차이에도 불구하고 당시 대부분의 진보운동세력은

---

* 80년대에 진행되었던 이른바 '사회구성체 논쟁'에서 한국사회를 식민지반자본주의로 규정하면서 제국주의 침략세력과 민족자주세력 간의 치열한 대결을 핵심으로 한 민족해방운동을 강조한 그룹은 주로 NL(National Liberation)로 지칭되었고, 통일운동의 독자적 특성을 부정하고 한국사회 변혁의 선차성과 계급갈등을 강조하는 그룹은 PD(People's Democracy)로 지칭되었다. 그러나 이 두 흐름은 단일한 사상체계와 전략을 공유하고 있지 않으며 매우 다양한 갈래와 분파가 존재한다. 따라서 이 용어는 구체적 대상을 지칭한다기보다 한국사회 급진운동의 대략적인 두 경향을 지칭하는 것으로 이해하는 편이 좋다.

급진적인 체제 전환에 대한 열망을 공유하고 있었다. 그들에게
합법적인 선거에 참여하는 것은 좋게 말해 개량주의이거나 순
진한 발상이었고, 때로는 '적에 대한 투항'이기도 했다. 중요한
것은 혁명이며 1973년 쿠데타로 사망한 칠레의 아옌데* 정권이
보여주듯, 선거로는 혁명을 이루지 못한다고 봤다.

　이런 인식이 차츰 변하게 된 것은 김영삼 정부를 거쳐 김대
중 정부가 선거를 통해 정권교체에 성공하면서부터다. 김대중
정부의 민주정책이 급진적인 진보세력을 감화했기 때문은 결
코 아니다. 김영삼, 김대중 정부를 거치며 정치적 민주화는 독
재체제나 노태우 정부 시기에 비해 진전되어 갔지만, 진보를 표
방하는 정치세력은 여전히 국가와 대결적 관계에서 벗어나지
못했다.

　사회는 점차 독재의 그늘을 벗어나고 있었지만, 진보운동세
력에게 세상은 여전히 폭력적인 정부의 억압 속에서 급진적인
구호를 외쳐야 하는 '엄혹한 독재체제'였다. 물론 평범한 보통
사람들은 살기 좋은 시대였다고 말하려는 것은 아니다. 가진 자
가 더 가져가는 냉혹한 무한경쟁의 시스템이 성큼 다가왔고 날

---

* 살바도르 아옌데(1908. 7 ~ 1973. 9)는 선거를 통해 대통령에 당선된 마르크스주의자
이다. 1970년 대통령에 취임한 후 합법적인 방식으로 사회주의를 구현하기 위한 개혁
에 착수했으나 1973년 발생한 쿠데타에 끝까지 저항하다 사망했다. 아옌데의 실패는
'선거를 통해 혁명을 이루기는 불가능하다'는 것을 증명하는 사례로 자주 거론된다.

것의 폭력은 눈에는 잘 보이지 않는 구조적인 폭력으로, 이데올로기적 공세로 바뀌었다. 그러나 신자유주의적 구조조정이 본격화되고 분단체제의 효과가 여전한 위력을 발휘하는 조건에서, 진보세력은 날것의 폭력과 억압, 구속의 공세 속에 노출되어야 했다.

이렇게 두 세계 간의 거리가 벌어질수록 운동은 대중으로부터 고립되었다. 마치 주먹으로 진흙을 움켜쥐면 물기를 머금은 진흙은 빠져나가지만 손아귀의 흙은 단단해지는 것처럼, 진보운동세력의 이념은 더 강해졌지만 그럴수록 대중과의 괴리는 더 커졌다. 이런 가운데 2000년 창당한 민주노동당은 고립과 분열의 늪에서 좀처럼 탈출하지 못했던 진보'운동'이 다시 한 번 잡아볼 수 있는 동아줄이었다. 합법적인 진보정당으로 합류한 그들의 선택은 '체제의 외부에서 체제에 도전하는 방식'에서 '체제 내부에 들어가 체제를 변형하는 전략'으로의 수정이었다. 2004년 17대 총선에서 10명의 국회의원을 배출하면서 화려하게 도약한 민주노동당의 성공은 크게 두 가지로 꼽힌다. 하나는 앞에서 살펴본 것처럼 2002년 지방선거부터 도입된 정당명부 비례대표제 덕분이다. 그러나 단지 비례대표제가 도입되었다고 해서 민주노동당이 국회의원을 당선시킬 수 있었다고 본다면 오산이다. 당시 진보, 또는 개혁적 성격의 신생정당은 민주노동당 이외에도 희망2080, 녹색사민당, 사회당 등이 존재했다. 그러나 13.03%의 정당득표를 기록한 민주노동당과 달리 다른 정당들은 모두 1%도 득표하지 못하고 해산되었다. 민주노동당의 성공 이유는 무엇보다 운동의 영역에 존재하던 매우 다양하고 이질적인 진보운동세력들이 이 당으로의 합류를 선택했기 때문이다. 그리고 그 선택은 새로운 기회를 포착한 것이라기보다 운동의 고립을 벗어나기 위한, 어쩌면 불가피한 선택이었다.

민주노동당의 이중적 성격

다양한 운동세력이 정당이라는 틀로 합류한 것이 민주노동당의 성공요인 중 하나라면, 이는 양날의 칼이었다. 체제의 규칙을 일단 수용하지만, 지나치게 그것에 순응하지도 않는, '운동적 정당', '정당적 운동'의 모호한 형태가 만들어졌던 것이다. 그리고 바로 이 모호성이 기성 정당체제와는 차별화된 대단히 혁신적이며 대항적인 정당의 출현을 말해주는 요소였다.

민주노동당은 선거참여가 체제흡수로 연결되지 않도록 여러 안전장치를 만들었다. 진성당원제를 토대로 당원 직접민주주의를 도입했고, 운동방식의 당활동을 전개했다. 물론 운동방식의 당활동은 소수정당의 한계로 인해 불가피한 것이었지만, 원내진출 이후에도 '거대한 소수 전략'으로 알려진 제도정치와 운동정치의 결합을 추구했으며 현실정치로의 유인력을 저지하기 위해 공직당직 겸직금지나 공직자의 특별당비 등 다양한 장치를 꼼꼼하게 달아 놓았다. 물론 앞에서 우리가 살펴봤듯이 이런 제도들을 도입했다는 것과 그것이 애초의 취지대로 작동했느냐는 전혀 별개의 문제다.

흥미로운 것은 당원직접민주주의 같은 선진적 당운영 원칙은 그들이 운동영역에 존재할 때조차 내면화한 가치가 아니었다는 점이다. 민주화나 정권교체 이후에도 국가와 적대적 관계를 맺고 있었고 여전히 전투적인 활동 문화가 강하게 존재하던 진보'운동'은 많은 경우 매우 중앙집중적인 리더십에 의존하고 있었다. 그럼에도 민주노동당이 선진적 내부 민주주의 제도를 도입한 것은 선거참여가 체제로의 흡수로 이어질 것이라는 의회주의 노선에 대한 경계심이 반영된 결과다. 그들이 정당운영을 설계하면서 모델로 삼은 것은 선거에서 경쟁력 있는 기성정당이 아니라 기성정당을 비판했던 서구의 대안정당이었다.

다른 한편으로, '정당이 된 운동'은 운동영역에 존재하던 세력 간 갈등구조를 정당에 그대로 옮겨 놓은 것이기도 했다. 기성정당과 다른 새로운 진보적 정당을 만들어 보자는 초기의 의기투합은 2004년 10명의 국회의원의 탄생으로 1차 목표가 달성되자 노인의 젊은 날처럼 순식간에 사라졌다. 잠재되어 있던 과거의 감정적 적대가 몇 마디 자극적인 언술로 순식간에 재현됐다.

민주노동당의 선진적 당내 민주주의가 갈등의 와중에 얼마나 무력했는지는 이미 앞에서 살펴봤다. 당의 강령은 대의제를 넘어선 직접민주주의의 실현을 주장하고 있었지만, 막상 자신의 내부는 오히려 87년체제의 제한적 대의제의 모습처럼, 정파라는 보이지 않는 '당내 당'을 중심으로 작동했다. 물론 여전히 보스를 정점으로 한 수직적 정당질서를 고수하고 있었던 기성 정당에 비해서는 민주화된 내부질서였지만, 일반당원이 최고의 권력을 행사하는 시스템을 현실화한 수준까지는 나아가지 못했다. 그리고 그 퇴행적 갈등의 결과는 상향식 민주주의를 외치던 그들의 지향과는 다르게, 상층 엘리트의 갈등이 하향하면서 당을 쪼갠, 2008년 분당이었다.

분당 이후 진보정치에 남은 것은 새로운 혁신의 동력이 아니라 묵은 감정의 찌꺼기였다. 역설적이게도 이 감정의 찌꺼기를 일소하고 다시 웃으며 손을 맞잡게 만들었던 것은 그토록 경계했던 '실리정치', '현실정치'로의 전환이었다. 그리고 이런 전환은 잔인했던 2012년 5월의 배경이 된다.

2012년 통합진보당 사건

2007년 대선 이후 일어난 보수정권의 부활과 2008년 민주노동당의 분당, 보수의 총선압승은 2005년부터 노골적으로 일어나기 시작한 정치적·사회적 보수화 경향의 정점이었다. 그러나 광우병 우려가 있는 미국산 쇠고기를 국민의 반대에도 수입하기로 결정한 이명박 정부는 거대한 시위를 불렀고, 이를 계기로 87년체제의 정당성이 허물어진, 그러나 새로운 체제는 등장하지 않는, 87년체제의 후기 국면을 알렸다. 이 시기에는 제한적인 대의제와 신자유주의적 경제질서, 분단체제 등 87년체제를 특징 지은 주요 요소들의 정당성이 급격하게 흔들렸다.

이런 '후기 87년체제'의 성격은 미래 권력을 자임하는 진보정치세력에게는 더할 나위 없이 좋은 기회였다. 그러나 이 시기의 진보정치는 2012년 통합진보당 사태와 2013년 내란음모선동 사건, 2014년 정당해산을 겪으며 진보운동의 위기만이 아니라 진보정치를 둘러싼 지형까지 사막화한, 최악의 결과를 낳았다. 무엇이 문제였을까? 어디서부터 잘못된 것일까?

이 무시무시한 위기의 본격적인 출발은 2012년 통합진보당의 비례경선부정 의혹 사건이다. 그런데 흥미로운 것은 이 사건의 실체가 사건 초기의 파장과는 사뭇 다르다는 점이다. 당시 비례경선에서 부정이 없었다고 할 수는 없지만, IP 추적과 온라

통합진보당 경선 부정 관련 주요 처리 결과

비례 순번	관련 후보자	소속 (정파)	입건			입건 유예	합계	비율 (%)
			구속	불구속 구공판	구약식			
1	윤○○	인천	2	42	5	62	111	1.1
2	이○○	경기동부	3	200	1	62	266	1.3
8	이○○ (구속)	노동계 국민파	3	18	2	159	182	4.4
9	오○○ (구속)	참여계	4	62	4	281	351	6.8
16	문○○	전농	5	6		156	167	4.6
20	윤○○ (구속)	노동계 무당파	3	38		56	97	4.7

* 불입건 항목 중 '혐의 없음'과 '수사 계속' 제외.
* 구속자가 포함된 경우만 선별.
* 소속(조직)은 자체 분류.
* 비율(%)은 (입건+입건유예)/후보별 온라인득표 합계.
* 출처: 대검찰청(2012. 11. 15), 18쪽 / 통합진보당, 「온라인투표 지역위원회 별 후보자 득표현황」 조합, 2012. 5. 7.

인 투표 복호화 작업까지 거친 검찰 수사 결과에 따르면 사건 초기에 알려진 것처럼 특정 정파만의 독점적 행위라고 보기도 어렵고, 다른 정파에 비해 정도가 특별히 심했던 것도 아니다.*
오히려 정당성 시비라면 사건의 진상을 밝힐 1차 진상조사위원회의 위원과 2차 진상조사위원회의 간사가 구속된 다른 정파를 탓했어야 한다. 그렇지만 진상이 제대로 밝혀지기 이전부터 특정 정파가 모든 사건의 원인으로 지목되었고, 이 결과는 내란음모사건과 정당해산으로까지 이어지는 단초가 되었다.

왜 이런 일이 벌어졌을까? 정말 내부 경선 부정 때문에? 아니면 당내 권력을 얻으려는 또 다른 정파의 음모 때문에?

이 사건이 전체 진보정당운동에 미친 영향을 생각하면, 이 사건의 실체에 대해 파악하는 것은 매우 중요한 일이다. 그러나 질문은 바꿔볼 필요가 있다. 우리가 던져야 할 질문은 "2012년에 일어난 그 난리통에서 진짜 잘못한 것은 누구인가"라는 것이 아니라 "왜 이 사건 초기부터 특정 정파에 대한 불신과 적대

---

* 검찰에서는 2012년 5월 21일부터 22일까지 통합진보당 서버 3개에 대한 압수수색영장을 집행해 5월 31일부터 7월 2일까지 열람·압수한 서버 자료를 분석했다. 이때 압수한 통합진보당의 서버에는 통합진보당의 1차 진상조사위원회의 요청으로 비례경선투표 결과를 복호화하여 당원 개개인이 어떤 후보에게 투표했는지까지 모두 파악할 수 있는 자료가 담겨 있었다. 검찰은 2012년 7월 7일부터 8월 22일까지 압수된 자료를 바탕으로 투표자의 통화내역, 기지국 위치, IP주소지 등을 모두 확인하는 집중수사로 총 20명을 구속하고 442명을 불구속 기소했다.

가 그토록 빠른 시간에 확대되었는가"라는 것이다. 이런 결과
에는 2008년 이후 서서히 변화하기 시작한 진보정치의 전략변
화가 반영되어 있다.

2008년 촛불의 패배와 실리정치로의 전환

2008년 촛불의 패배는 현실정치로의 급속한 전환을 제어했
던 안전장치 중 하나가 끊어져 버린 결과를 낳았다. 1987년 6월
항쟁 이후 최대 인파가 거의 매일 거리에서 대통령 퇴진을 외쳤
는데도 촛불의 함성은 정확히 광화문 앞에 설치된 소위 '명박산
성' 앞에 멈춰 섰다. 한동안 제대로 실험조차 할 수 없었던 운동
의 한계가 눈앞에 펼쳐지자, 선거와 현실정치로의 쏠림은 당연
한 수순이었다.

이후 야권을 비롯한 진보정치는 '선거연합'으로 상징화된 야
권연대로 빨려 들어갔고, 꽤 성과도 있었다. 2008년 교육감선
거에서 확인된 '야권연대'의 가능성은 2009년 4월, 10월의 재보
궐선거를 거쳐 2010년 지방선거에서 지역차원의 공동정부 전
술로 이어졌고 효과도 컸다. 특히 2010년 6·2 지방선거에서 민
주당과의 적극적인 선거연합, 공동정부 전술을 구사한 민주노
동당은 공식적으로는 독자노선을 견지했던 과거의 가족, 진보

신당에 비해 매우 큰 성공을 거두었다. 2008년 분당 이전의 지방선거 성적을 훨씬 상회하는 대약진이었다.

민주노동당은 2012년 총선과 대선을 진보정치가 한 단계 도약할 수 있는 호기로 인식했다. 그러려면 2004년 총선 승리의 경험처럼 다시 단결이 필요했다. 그러나 2011년의 단결은 이전과 달랐다. 이데올로기적 가치와 명분보다 선거에서의 실리에 맞춰져 있었다. 물론 처음부터 그랬던 것은 아니다. 조금씩, 가랑비에 옷이 젖듯, 그렇게 서서히 변해 갔다.

이 시기 민주노동당이 정체성을 강조했던 전략에서 정치적 실리를 중시하는 전략으로 서서히 변화하고 있음을 보여주는 몇 가지 사례가 있다. 우선, 2010년 지방선거에서 야권 단일화의 효과가 입증된 이후 2011년 4·27 재보궐 선거와 10·26 재보선에서는 민주당과 민주노동당은 후보단일화를 이룬 것을 넘어 공동선거대책본부까지 조직했는데, 이 과정이 흥미롭다. 4·27 재보궐 야권단일후보와 10·26 재보선 야권단일후보로 선정되어 당선된 민주노동당 후보들은 자기 당의 색깔 대신 당시 민주당의 상징색으로 후보 이미지를 구성했다. 이런 전략은 통합진보당 창당 이후인 2012년 3월 17~18일 진행된 야권단일후보 경선 과정에서도 반복됐다. 별 것 아니라고 치부할 수도 있지만, 기성정당과는 다른 진보정당임을 끊임없이 과시하고 확인하려 했던 창당 초기에는 상상조차 할 수 없었던 일이다.

또 다른 사례는 선거 기술의 습득이다. 야당과 공동선대본을 운영하면서 자연스럽게 습득한 기성정당의 지역 조직 운영 방식, 지역 핵심 인사와의 연계망, 후보 홍보 방식 등의 노하우는 노동집약적 대중동원에 기초한 진보정당식 선거운동과는 달랐다. 2012년 3월 야권후보단일화 과정에서 일어났던 여론조사 응답 조작 시비는 기성정당이 선거경쟁에서 이기기 위해 가장 효과적으로 사용하고 있는 선거 기술의 습득이 가져온 하나의 단편에 불과했다.

좀 더 노골적인 변화도 있다. 민주노동당은 2011년 6월 19일 '사회주의의 이상과 원칙'이라는 내용을 삭제하고 '진보적 민주주의'로 강령을 수정했다. 물론 분당 이후 당의 주도세력은 '진보적 민주주의'로의 강령개정을 오랫동안 주장해 왔기 때문에 강령 개정을 탓할 수만은 없지만, 문제는 시점이다. 진보대통합이 추진되고 있어 어차피 통합 이후 새로운 강령을 만들어야 했고 당내 소수파의 반발도 뻔히 예상된 상황에서 강령개정이 강행되었다. 이는 진보대통합의 실현 여부와 무관하게 2012년 총선에서의 득표전략을 위한 결정이라고 해석할 수밖에 없다.

이런 상황에서 당시 진보대통합운동 역시 아래로부터의 대중실천이나 충분한 당원 토론에 기초해 진행되기보다 상층중

심의 협상과정으로 진행되었다. 심지어 각 정파 상층 간에도 제대로 된 정보 공유가 이뤄지지 않았다. 노골적인 과두제가 진행되고 있었던 것이다.

결국 2012년 12월, 이질적인 정치조직들이 다시 모여 통합진보당을 창당했지만 실리를 둘러싼 크고 작은 갈등이 반복됐다. 가장 먼저 총선 후보 선출방법을 둘러싸고 갈등이 시작됐고, 당내 경선을 위해 1개월짜리 경선용 당원이 급격하게 늘어났다. 원내교섭단체를 목표로 한 총선이 코앞에 있는 상황에서 진성당원에 기초한 당내 민주주의는 전혀 중요하게 간주되지 않았다. 통합을 전후해 곳곳에 존재하던 실리 충돌과 갈등은 오로지 더 큰 실리, 즉 19대 총선에서 원내교섭단체 진입이라는 목표 아래에 불안하게 억눌려 있었다.

만일 2012년 총선에서, 애초의 예측처럼 통합진보당이 원내교섭단체 구성에 성공했다면, 아니 최소한 다양한 정치조직들이 골고루 의석을 획득했다면, 비례경선부정 의혹이 제기되었을까? 부정의혹의 촉발이 어디에서 시작되었고, 여러 논란 끝에 진상조사위원회가 어떻게 가동되었는지를 세세히 살펴본다면 '그렇다'라고 대답하기는 쉽지 않을 것이다.

결국 2012년 사건의 본질은 실리분배에 성공하지 못한 실리적 통합이 가져온 최악의 결과에 있다. 그리고 당시 사건에서 악마화의 대상이 되었던 정파는 이 전 과정을 주도하면서 스스로 원했던 것보다 더 큰 실리를 얻었기 때문에 갈등의 소용돌이에서 결코 벗어날 수 없었다. 불만이 누적된 상황에서 제기된 비례경선부정 의혹은 사실관계가 제대로 확인되기 전부터 심리적 확증을 불렀고, 당원 권력이 무력화된 상황에서 파괴적 결말을 향해 나아갈 수밖에 없었다.

물론 2012년에 일어난 파국적 갈등의 양상을 단순히 '실리분배의 실패'로 설명하는 것은 지나치게 후한 평가다. 갈등의 와중에 나타났던 폭력과 강제, 음모와 조작은 사건의 시시비비를 떠나 진보정치 전반에 대한 대중의 신뢰를 갉아먹었다. 거대하게 균열된 두 진영 간에 벌어진 치킨게임은 이제 진보정치 스스로도 혁신의 주체가 아니라 대상이 되었음을 보여줬다.

2012년의 참혹한 결말은 거짓과 위선으로 점철된 2013년 내란음모사건을 낳았고, 결국 사상 초유의 정당해산까지 불러왔다. 이 과정에서 나타난 진보판 혐오와 조롱의 논리는 진보정치의 가장 소중한 자산이었던 유토피아적 미래상을 허물었다. 진보세력이 미래의 대안세력이라는 대중적 선호를 제거했고, 기성정당에 비해 부족한 자원의 결핍을 보완해주던 이념적 중심성을 약화시켰으며, 그동안 억눌러 왔던 실리적 욕망을 중심으로 새로운 이질성과 갈등을 등장시켰다.

진보정치의 부활을 위한 두 가지 제안

대통령을 파면시킨 지난 촛불에도 진보정치와 대안정치를 표방하는 이들이 함께 했다. 그러나 그들의 주도성은 과거 그 어느 때보다 크지 않았다. 세상은 87년체제의 낡은 틀을 새로운 것으로 바꾸자고 분주한데, 담론을 주도하지 못하고 있다. 세상보다 앞서지 못하는, 새로운 담론으로 이끌지 못하는 진보가 진보일 수 있을까? 대안을 설득력 있게 제시하지 못하는 세력이 대안세력일 수 있을까? 우리끼리의 울타리 속에서 벗어나지 못하고, 울타리 안으로 들어오는 이도 없는 고립이 정치와 운동일 수 있을까?

무책임하게 평론가적인 불평과 불만을 늘어놓으려는 것이 아니다. 다시 시작하기 위해서는 가혹할 정도의 냉철한 비판이 전제되지 않으면 안 된다. 체제가 전환하는 이 시기에, 앞에서 살펴본 두 정당 이외의 어느 대안정치세력도 새로운 담론을 주도하지 못하고 있다는 것은 진보정치가 재구성되어야 할 강력한 이유를 말하고 있다. 여기서는 진보정치의 부활을 위해 두 가지만 제안하고자 한다.

첫째는 공론장의 복원이다. 혐오와 배제, 편 가르기의 논리를 넘어 대안담론을 둘러싼 논쟁과 소통, 협력과 경쟁의 문화를 복원해 상호발전을 도모해야 한다. 공론장 없는 물리적 통합보다,

다양한 주체 간의 공론장 복원이 훨씬 더 큰 의미를 갖는다.

물론 이런 공론장은 만들자고 해서 뚝딱 만들어지는 것이 아니다. 공론장을 가능하게 하는 것은 '공동의 프로젝트'다. 예를 들어 개헌 국면에 맞춰, 진보적 대안 헌법을 함께 만들어 보는 프로젝트가 제안될 수 있다. 헌법의 포괄성은 각자가 중시하는 의제의 우선순위 문제를 피할 수 있으며, 헌법이 가지는 추상성은 합의가 어려운 구체적 정책을 넘어 정책방향에 대한 합의를 가능케 한다. 공동안을 만들지 못하더라도, 새로운 미래에 대한 각자의 생각을 정리하고 대중에게 메시지를 전달하는 효과를 갖는다.

둘째, 새로운 세대의 주도성이다. 한때 바리케이드를 세우고 싸우며 성공과 패배를 맛보았던 진보정치세대의 뜨거운 열정은 시대의 흐름과 함께 점차 소진되어 갔다. 위기와 억압이 반복될수록, 특히 그것을 매 순간 하나둘씩 이겨 나갈수록, 대중과의 괴리는 더 커졌다. 진보정치를 비롯해 대부분의 진보운동의 인적 자원을 제공하던 저수지였던 대학은 기업의 논리와 불안의 문화에 점령당한 지 오래다.

그럼에도 불구하고, 끊임없이 강요되는 무한경쟁과 만성적인 실업, 고용불안의 공포에도 불구하고, 더구나 8~90년대처럼 진보활동가를 향한 박수소리가 잦아든 상황에도 불구하고 진보정치운동에 동참하거나 여전히 대안정치를 열망하는 다수의 청년들이 존재한다. 그러나 이들은 자신들이 경험하지도 않은 과거의 사건과 적대, 냉소의 짐까지도 꼬박 짊어지고 있고, 기성세대가 짜놓은 갈등의 프레임과 정파적 구획에 따라 무차별한 낙인찍기의 대상이 되기도 한다.

게다가 젊은 시절부터 진보정치의 이론, 성공과 실패를 경험할 기회가 많았던 기성세대와 달리, 지금의 청년은 실패의 경험조차 제대로 가져보지 못했다. 그럼에도 각 정당에는 청년세대를 지원, 육성할 체계적인 프로그램이 거의 존재하지 않는다. 진보정치의 분열과 파편화, 감정적 적대의 환경 속에서 동시대의 청년 진보정치 활동가들은 서로 논쟁이든 대화든, 교류할 기회조차 없다. 각 정당과 조직의 고유한 가치와 방향에 대한 내용은 접어 두고서라도, 공통으로 필요한 초보적 청년 당원 교육과 지원 프로그램이라도 공동운영해 보는 시도가 필요하다.

지금의 진보정당, 진보정치에 대해 불만이 없는 사람은 드물다. 반면에, 한국 정치에서 진보정치의 필요성을 부인하는 사람들도 드물다. 지금 필요한 것은 그것을 어떻게 다시 세울 수 있을 것인지에 대한 진지한 대화와 실천이다.

지금 이대로의 방법만으로는 우리의 오랜 꿈이 실현될 수 없다는 것은 자명하다.

책을 내기 위해 초고를 다듬고 나서 아내에게 제일 먼저 보여주었다. 오탈자나 찾아보라는 요구에 첫 문장부터가 어렵다며 툴툴대면서 페이지를 넘기던 아내는 금세 맨 뒤 페이지를 마저 넘겼다.

"재미있네. 그런데 요새 누가 이런 책을 읽어?"

정당, 그리고 내부 민주주의. 대중적인 책은 물론 아니다. 이 글에서 주로 다룬 진보정당 관계자들의 수가 더 늘어난 것도 아니다. 더구나 대안정치나 정파 갈등, 내부 민주주의가 요새 화두도 아니다. 나름 열성 노동운동가인 아내조차 "이런 책을 누가 읽느냐"고 힐난할 정도라면 독자가 아니라 저자, 그리고 이런 책을 출판하겠다고 나선 출판사가 문제다.

그런데, 팔리지 않더라도 써야 할 이유는 있다. 어떤 공동의 문제를 파악하여 분석하고, 적절한 해결책을 제시하는 것이 '먹물'들의 의무라면, 정당과 민주주의, 진보와 정치와 관련된 문제들은 '먹물'들의 책임방기가 정도를 넘어선 대표적인 영역들이다. 문제는 쌓여있는데 덤비는 사람이 없다.

그래서 이런 책을 읽을 이 없는 요새, 하필 이런 책을 내는 이유는 마지막 부채의식 같은 것도 있거니와 그냥 돌아서기에는 무엇인가 계속 발목을 잡는 미련 비슷한 감정들이 남아 있기 때문이다. 나에게, 우리에게 진보와 정치, 민주주의란 단지 이성적이고 논리적인 분석대상으로만 존재하는 것은 아니었기 때문이다.

***

세상 돌아가는 방식을 어렴풋이 알게 된 1990년대는 서로 다른 세계가 서로 다른 속도로 움직이며 교차하던 시절이었다. 한쪽은 정권교체 이후 민주화의 온기가 조금씩 스며들고 있었고, 다른 쪽은 여전히 엄혹한 독재시절로 남아 있었다. "아직도 데모 같은 것을 하냐"는 냉소가 만연했지만 한쪽 세계에서는 독재시절에 억눌린 자유주의가 뒤늦게 분출했고 다른 한쪽에서는 여전히 핏발서린 군홧발이 공존했다.

그렇게 고립된 두 세계가, 흩어진 이들이 다시 조우하게 된 것은 2000년 민주노동당의 탄생 때문이었다. 몇 차례의 지루한 논쟁이 여기저기서 붙었지만 하나둘씩 당으로 모여 들었다. 그 중에는 과거 어느 때인가 서로 얼굴 붉히던 '상대 정파'도 있었고, 대학 졸업 후 소식이 끊겼던 선·후배도 있었다. 무엇보다 좋았던 건 당이 아니었다면 만날 일이 없었던 얼굴 모르던 이들과 같은 꿈, 최소한 비슷한 방향의 꿈을 꾸게 되었다는 점이다.

그 시절, 그러니까 이제 막 걸음마를 뗀 민주노동당은 그랬다. 혁명을 부르짖던 운동의 패배감이 천천히, 아주 천천히 우리에게 스며들었을 때, 무엇인가 새로 도전할 수 있다는 가능성을 보여주었다. 서로 물어뜯지 못해 안달하던 정파들이 손을 잡고 허허 웃으며 "그때는 왜 그랬지?" 하고 추억을 안주거리 삼을 수 있는 곳이었다. 그렇게 우리는 잃어버렸던 꿈을, '진보 정당'이라는 틀 속에서 다시 만나 꾸었다.

***

서로 달랐기 때문에 소중했던 관계는 창당 4년 만에 10명의 국회의원이 탄생하면서 조금씩 균열이 일어나기 시작했다. 당의 상층에서는 지루하고 해묵은 갈등과 반목이 되풀이 되더라도 동네에서는 여전히 형, 동생 하던 사람들도 막상 당이 갈라지자 무섭게 돌아섰다. 예전에는 자신과 다른 생각을 가진 이와 논쟁할 수 있어 좋았다는 사람들이 "너는 누구 편이지?", "쟤는 어디어디, 누구누구와 친해"라는 식의 낙인찍기가 횡행했다. 그렇게 몇 년간이나 친목과 단결을 부르짖던 관계가 단 며칠 만에 물 묻은 종이처럼 찢어졌다.

당에서 무슨 직책을 맡거나 그 흔한 정파 중 어느 한 곳에 소속되어 있지도 않은 평당원에게도 분열은 썼다. 친하던 한 동네 당원들이 하루아침에 헐뜯는 관계로 변하는 것을 경험하면서 한동안 우울증 비슷한 분위기에 휩싸이기도 했다. 한국 진보정당의 운명은 마치 논쟁과 대화가 사라진 90년대처럼, 철저하게 고립된 우리만의 세계를 또 하나 만들고 있었다.

어떻게 하면 퇴행적 갈등관계를 발전적 경쟁관계로 바꿀 수 있을까? 이 단순한 질문은 여러 가지 해답을 요구했다. 명확한 적과 전투적으로 싸우는 것에 익숙한 진보정당의 정치활동 방식이 바뀌어야 했고, 무엇보다 민주주의에 대한 이해가 바뀌어야 했다. 그리고 우리에게 맞는 제도적 장치가 고안되어야 했다.

***

그때의 문제의식은 전공을 바꿔 대학원에 진학하면서 늘 마음 한 구석에 쌓아 둔, 다 맞추지 못한 퍼즐 같은 것이었다. 그 퍼즐을 아직 다 맞추지는 못했지만, 한쪽 구석 조그만 모양새는 겨우 맞춰 이렇게 내놓았다. 그 사이 비슷한 난장판은 몇 차례 더 있었고, 그러는 사이 문제의식을 공유했던 이들은 조금씩 자리를 떠났다.

지금 누가 이런 책을 읽으며 이런 대화를 나눠 보고 싶을지는 몰라도 한번은 던져야 할 질문이고 나누어야 할 이야기라고 생각한다. 게다가 그 수가 줄었다고 하지만 여전히 기성정치와는 다른, 새로운 정치를 구현하려 나서는 이들도 있다. 그리고 정당은 아니지만 자신이 속한 단체에서, 공동체에서 민주주의 없음에 분노하는 청춘들도 있다. 누군가 우리가 겪어온 실패와 좌절을 되풀이하지 않을 방법의 단초를 이 책에서 발견한다면, 독자가 많지 않아도 뿌듯할 일이다. 물론 출판사에는 미안하겠지만.

***

독재자의 딸이 독재를 하고 있을 때, "왜 이 정권이 무너지지 않고 있는 거지?", "왜 이 상황에서 혁명은 둘째치고라도 봉기도 안 일어나는 거지?" 하는 의문은 예상치 못한 스캔들과 촛불 앞에 해소됐다. 무너질 때가 훨씬 지난 것 같은데도 잘만 버티던, 철옹성 같던 정권은 사실 기괴한 종이성에 불과했다. 그렇게 다시 한번, 민심이 옳았다.

이제 우리도 다시 시작해보면 어떨까? 혼자 말고, 당위 말고, 여럿이 힘을 모아 함께. 조금 부족하고 어설퍼도 무엇인가 새롭게 도전할 수 있다는 흥분과 떨림은 충분한 자극이다.

그냥 그랬으면 좋을 것 같은, 미세먼지에서 이제 그만 벗어나고 싶은 2018년 1월의 밤이다.

참고 문헌

강남훈, 「통합진보정당의 패권주의 방지를 위한 투표방법들에 대한 몬테카를로 비교 분석 : 단일이전가능투표 제도를 제안함」 새세상연구소, 『진보정당 내부 민주주의, 새로운 대안은 없는가?』 토론회 자료집, 2011.

로베르트 미헬스, 『정당사회학 : 근대 민주주의의 과두적 경향에 관한 연구』 김학이 옮김, 한길사, 2002.

마이클 필립스, 어니스트 칼렌바크, 『추첨민주주의』 손우정·이지문 옮김, 이매진, 2011.

박경미, 「교섭단체제운영의 정치적 결과 : 주요 정당의 합의와 배제의 구조」 경희대학교 인류사회재건연구원, *OUGHTOPIA*, Vol.25, No.1, Spring, 2010.

박영도, 『비판의 변증법 : 성찰적 비판문법과 그 역사』 새물결, 2011.

버나드 마넹, 『선거는 민주적인가』 곽준혁 옮김, 후마니타스, 2004.

샤를 드 몽테스키외, 『법의 정신』 하재홍 옮김, 동서문화사, 2007.

샤츠슈나이더, 『절반의 인민주권』 현재호·박수형 옮김, 후마니타스, 2008.

손우정, 「진보정치와 '정치적인 것'의 재해석 : 칼 슈미트의 그람시적 확장을 위하여」 급진민주주의연구모임 데모스, 『한국 급진민주주의 프로젝트: 비판과 모색 2』 데모스, 2013.

손우정, 『여전히 반란을 꿈꾸는 이들을 위한 민주주의 길라잡이』 내일의책, 2013.

손우정, 「한국진보정치운동의 궤적(1987~2014) : 제도화 전략의 성공과 실패를 중심으로」 성공회대학교 박사학위논문, 2014.

손우정, 「한국 진보정당 내부 민주주의 제도 연구 : 민주노동당, 노동당, 녹색당, 정의당, 통합진보당 사례를 중심으로」 민주화운동기념사업회, 『기억과 전망』 2015년 여름호(통권 32호).

손우정, 「87년체제와 진보정치의 전환적 위기」, 『진보평론』 2017년 여름호.

스티븐 룩스, 『3차원적 권력론』 서규환 옮김, 나남, 1992.

온만금, 「한국 정당체계의 형성과 변화에 관한 이론(1948~2000), 『한국사회학』 제37집 3호, 2003.

장 자크 루소, 『사회계약론(외)』 이태일 외 옮김, 범우사, 1994.

칼 슈미트, 『정치적인 것의 개념』 김효전 옮김, 범문사, 1992.

칼 슈미트, 『현대 의회주의의 정신』 박남규 옮김, 탐구당, 1987.

Bachrach, Peter, and Morton S. Baratz. "Two Faces of Power", *The American Political Science Review*, Vol. 56, Issue 4 (1962), pp. 947-952.

Bachrach, Peter, and Morton S. Baratz. "Dcisions and Nondecisions: An Analytical Framework", *The American Political Science Review*, Vol. 57, No. 3 (1963), pp. 632-642.

Biezen, Ingrid van, and Thomas Poguntke. "The decline of membership-based politics", *Party Politics*, Vol. 20(2) (2014), pp. 205-216.

John Adams. *Thoughts on Government* (1776) in C. F. Adams (ed.), The Life and Works of John Adams, 10 Vols.(Boston : Little Brown, 1850-6), Vol. IV, p. 195.

Kirchheimer, Otto. "The Transformation of Western European Party System", in J. LaPalombara and M. Weiner (eds.), *Political Parties and Political Development*, New Jersey: Princeton University Press, 1966.

Schattschneider, Elmer Eric. *Party Government*, New York: Rinehart, 1942.

Schumpeter, J. A. *Capitalism, Socialism and Democracy*, Unwin University Books, 1966.

Simmel, Georg. trans. by Wolff, Kurt H. *The Sociology of Georg Simmel*, New York, The
Free Press (1950), pp. 87-177.

Smelser, Neil J. "Robert Michels' Theory of Organizational Structure", Neil J. Smelser and
R. Stephen Warner. *Sociological Theory: Historical and Formal*, General Learning
Press, 1976.

진보정치의 경험과 조직 내부 민주주의

정당과 민주주의

초판 1쇄 발행   2018년 3월 5일

지은이   손우정
펴낸이   오은지
책임편집   변홍철
표지디자인   박대성
펴낸곳   도서출판 한티재 | 등록   2010년 4월 12일 제2010-000010호
주소   42087 대구시 수성구 달구벌대로 492길 15
전화   053-743-8368 | 팩스   053-743-8367
전자우편   hantibooks@gmail.com | 블로그   www.hantibooks.com

ⓒ 손우정 2018
ISBN   978-89-97090-81-5 04340
ISBN   978-89-97090-40-2 (세트)

이 도서의 국립중앙도서관 출판예정도서목록(CIP)은 서지정보유통지원시스템
홈페이지(http://seoji.nl.go.kr)와 국가자료공동목록시스템(http://www.nl.go.kr/kolisnet)에
서 이용하실 수 있습니다. (CIP제어번호: CIP2018005151)